깨달음으로
이끄는 길

PARASOL
Crown / Protection from elements

깨달음으로 이끄는 길

캄따시링

서울특별시 성북구 동소문로13길33 복전빌딩 2층 202호

홈페이지   cafe.naver.com/tashijong
이메일   guru@khamtashiling.com
플러스친구 http://pf.kakao.com/_WxoMbj

발행   2019년 1월 7일
법문   캄뚤 린뽀체, 캔뽀 로쌀
통역   지덕스님
엮은이   홍익역경원 (캄따시링 부설)

펴낸곳   도서출판 자리이타
출판사등록   2018.12.17.(제307-2018-71호)
전화   010 3414 0579
ISBN   979-11-965778-0-3
©

깨달음으로
이끄는 길

캄뚤 린뽀체 법회 법문집

ক্ষ་བস্কুর་র্দিན་খ্রুব་ধ্রীং་།
홍 익 역 경 원

차례

소개글

GOLDEN FISH (PAIR)
Conjugal happiness and freedom

캄뚤 린뽀체

캄뚤 린뽀체는 현재 북인도의 보배로운 땅, 따시종 내 캄빠 갈 사원의 수장이시며, 모든 은둔 수행자들의 보호자로 수승한 가르침을 펴고 계신다. 전생 제8대 캄뚤 린뽀체께서 열반에 드시자 가장 가까운 도반이셨던 두 선지식, 까르마빠 존자님과 딜고 켄체 린뽀체께서 환생자에 대해 말씀해 주셨다. 환생할 부모님의 이름과 탄생연도, 그리고 장소와 날짜를 제16대 까르마빠 존자님께서 직접 알려주시고, 달라이라마의 스승이시자 부탄의 국사이신 딜고 켄체 린뽀체께서 예지의 말씀으로 정확한 탄생지를 말씀해 주셨으며, 또한 까르마빠 존자님께서 호법선신께 재확인받은 환생자에 대한 내용, 이 세 가지가 일치했으므로 동인도 아루나찰주 '붐데라'에서 캄뚤 린뽀체의 제9대 환생자로 인정이 되어 1982년 12월에 북인도 따시종, 캄빠갈 사원으로 모셔오게 되었다. 그 이후로 따시종 캄빠갈 사원의 관리, 의식 집전 및 국내외의 제자들에게 관정을 주시거나 구전, 법문, 수행법에 대한 가르침 등을 주시는 시간 외에는 무문관 수행으로 일관하고 계신다.

둑빠까규 법맥

법신 지금강불로부터 띨로빠→나로빠→마르빠로 이어진 심오한 법맥들은 중생들의 의지처인 팍모두빠에게 이르렀는데, 팍모두빠는 스승님들의 가르침들을 받들고 지키고 익히고 체득하기를 황금보병에서 황금보병으로 한 방울의 물도 흘리지 않고 온전히 쏟아 붓듯이 하였다.

그의 제자 린첸래빠는 팍모두빠의 교외별전이요, 미묘한 무상법문을 구경각까지 증득하여 삼계에 이름을 떨치게 되니, 항하의 저쪽은 사라하이고 이쪽은 린첸래빠라고들 하였다. 당시의 사람들은 이 린첸래빠를 일컬어, '남섬부주에 석가모니 부처님이 다시 오신 것'이라고들 칭송하였는데, 그의 중생을 위한 사업은 불가사의하여 허공계의 티끌과도 같이 많은 중생들을 해탈의 원만한 보리정각의 과위로 나아가게 하였다. 제자들을 교화함에 무엇이든 아낌없이 전수하였으며, 설국의 사자와 같이 위용을 떨쳤다.

그리고 이 린첸래빠의 최고 수제자인 짱빠쟈래로부터 둑빠까규파가 창시되었다. 어느 때 짱빠쟈래께서 남이라는 지방에 사원을 건립하실 때, 귀를 즐겁게 하는 용트림 같은 우레 소리가 아홉 번 선명히 들려왔다. 그래서 '둑(용)'이라는 이름이 붙여졌다. 그 후로 이 법맥을 이은 사람들이 범람하는 강줄기처럼 융성해졌는데, 그들은 하나같이 자신을 먼저 깨치고 자비의 힘으로 남을 이롭게 하는 종풍을 지켜나갔다. 오는 인연 막지 않고 가는 인연 잡지 않으며, 일체에 구하는 바가 없고 조작됨이 없는 꾸밈없는 신심으로, 경건하고 성스럽게 스승님을 모시고 존경하며 받들어 따랐다.

제1대 캄뚤 린뽀체는 온전한 요의법의 전승인 도제창의 법맥을 가장 여법하게, 그리고 깊고 넓게 한없이 펼친 까규파의 전승자인데, 이 까규파는 4대파와 8소파로 나누어진다. 까규파의 근본 스승은 밀라래빠의 제자 감뽀빠이신데, 그분의 직계 제자들의 흐름이 형성되면서 '팍모두빠', '발람까규', '찰바까규', '깔마까규'의 4대파가 형성되었고, 이 중 팍모두빠의 제자들이 법을 펼침에 의해 '디공', '딱룽', '토북', '둑빠', '얄쌍', '숙식', '말빠', '얄빠'라는 8소파가 형성되었다. 캄뚤 린뽀체는 8소파 가운데 하나인 '둑빠까규'의 계승자이시다.

칸뚤 린뽀체께서는 진리의 핵심인 대수인의 법맥을 '캄빠' 지역에 드넓게 펴셨는데, 캄빠 지역에서는 누구도 그분과 비교할 이가 없었을 뿐만 아니라, '모든 것을 다 아시는 부처님'과 같은 분으로 이름을 날렸다.

세간의 명성이나 이익 등에 추호도 물듦이 없이 법을 펴셨고, 중생을 이롭게 하는 여러 가지 불사들을 많이 하셨다. 나아가 발원의 힘과 대자비의 힘으로 아주 희유난득한 많은 생을 열어 보이셨으니, 마치 황금으로 된 염주끈에 푸른 빛 유리 보석이 알알이 맺힌 것처럼, 현재 제9대까지의 수승한 생을 연속으로 보여주고 계신다.

캄따시링

캄따시링은 지덕스님을 주지로 모시고 있다. 지덕스님은 25세에 사미니계, 29세에 비구니계를 받으시고, 31세에 북인도 따시종에서 금강승 수행에 입문하셔서 20년 동안 칸뚤 린뽀체를 스승으로 모시고 수행해 오시다가 2014년 한국에 캄따시링을 설립하여 둑빠까규 법맥의 수행을 한국에 전해주고 계신다.

본 센터는 티벳불교의 4대8소 종파 중 둑빠까규 법맥을 이어 오고 계시는 칸뚤 린뽀체를 근본스승으로 삼아, 한국 내

둑빠까규 법맥의 수행을 정진하고 있는 도량이다. 2016년 1월 캔뽀 아왕상뽀 스님을 파견 법사로 임명받아 모시게 되었으며, 이후 '쬐 수행', '돌마기도', '해탈장엄론 특강', '밀라래빠 전기', '바르도 성취법', 그리고 '부동불 수행법' 등을 진행했으며, 2018년 2월 캔뽀 최잉훈둡 스님을 법사로 모셔서 '심화 사가행' 및 '마하무드라 지관수행' 법문을 진행 중이다.

홍익역경원 (다쥴돈댄링)

캄따시링의 부설기관으로 2018년 7월 출범하였다. 여러 스승들의 법문을 모아 편찬하고, 영어 등으로 번역된 귀한 경전 내용들을 한국어로 번역하고 있다. 또한, 둑빠까규의 5대 구결 번역을 중심으로 영어나 중국어 번역 과정을 거치지 않고 바로 티벳어에서 한국어로 번역함으로써 그 뜻을 정확히 전달하여 많은 분들로 하여금 쉽게 이해하고 수행하는 데 이익이 되게 하고자 설립되었다.

※ 이 책의 티벳어 발음은 캄빠 지역 발음에 의거하여 표기하였습니다.

제1장 깜뚤 린뽀체 법문

1. 2016년 마하무드라 법문

2016년 9월 14일 캄따시링 법당

제9대 캄똘 린뽀체 셰둡니마

ༀ། །ཕྱག་རྒྱ་ཆེན་པོའི་ལྟ་སྒོམ་སྤྱོད་གསུམ་གྱི་ཉམས་སུ་ལེན་ཆུལ་ ཞལ་གདམས་གསེར་ཞུན་མ་བཞུགས་སོ། །

대수인 수행 - 순금과 같은 구결

།ན་མོ་གུ་རུ་པ་ཛྲ་ཀཱ་ར་ཡེ།

나모구루따발까라예

나모구루따발까라예

།སྐྱབས་གནས་བསླུ་མེད་ཀུན་འདུས་འབྲུག་པ་རྗེ།

짭내루메꾼뒤둑빠제

속임 없는 귀의처의 총집 성스러운 둑빠

།ད་ནི་མི་འབྲལ་རྒྱུན་དུ་གསོལ་བ་འདེབས།

다니미달쥰두쏠와뎁

이제는 여의지 않기를 항상 청원합니다.

།ཁྱེད་ཆོས་ལ་བགག་ཆགས་བྱེད་པ་རྣམས།

체최라박착제빠남

여러분, 법을 익혀가고 계신 분들께

།སྙིང་ནས་ཆོས་འབྲེལ་ཆིག་གསུམ་ལ།

닝내최델칙쑴슈

가슴 속으로부터 법연이 될 세 말씀을 올립니다.

།སྤྱིར་མི་ལུས་ཐོབ་པ་ད་རེས་ཙམ།

찔미뤼톱빠다레짬

        일반적으로 인신보배를 얻은 것뿐만 아니라

།སྒོས་སྡོམ་གསུམ་ལྡན་པ་ཤིན་ཏུ་དཀོན།

괴돔쑴댄빠씬뚜꼰

        특별히 세 가지 계율을 갖춘 것은 매우 희유하여

།ལུས་འདི་འདྲ་ཐོབ་པའི་དུས་འདི་རུ།

뤼디다톱뻬뒤디루

        이러한 몸을 얻은 이때에

།ཆོས་རྣམས་དག་འབད་པར་མ་བྱས་ན།

최남닥배빨마쟈나

        법을 여법히 정진하지 못한다면

།ལུས་འདི་འདྲ་ཕྱིས་ནས་མི་རྙེད་པས།

뤼디다치내미녜빼

        이러한 몸을 뒤에는 얻을 수 없음에

།དུས་འདི་ལ་ཕྱག་དང་བསྐོར་བ་མཛོད།

뒤디라챡당꼴와죄

        이때에 귀의대배와 꼴와[1]를 해야 합니다.

---

1) 탑과 절 등을 돌면서 예경을 하고 진언 등의 수행을 하는 것.

།དགྲ་འཆེ་བདག་གཤིན་རྗེ་ཁད་བཙན་པོ།

다치닥씬제캐짼뽀

원수 죽음의 주인 염라대왕은 특별히 엄중하고

།ཁོ་ནམ་ཡོང་ངེག་ངེག་མི་འདུག་པས།

코남용띡띡미둑빼

그가 언제 올지는 확실하지 않음에

།ཆོས་བྱེད་བསམ་ཡོད་ཀྱང་འཆེ་བས་གཏུག

최졔쌈요쨩치배뚝

법을 행하고자 마음먹지만 죽음과 만나지니

།ཁྱེད་དང་ནི་ཐེག་སྤོངས་དགེ་བ་སྒྲུབས།

체다니딕뽕게와둡

여러분은 이제라도 악업을 버리고 선업을 지어야 합니다.

།གནས་ངན་སོང་གསུམ་གྱི་སྡུག་བསྔལ་དེ།

내앤쏭쑴지둑알데

삼악도의 그 고통들은

།ཆིག་རྣ་བས་ཐོས་ཀྱང་བློ་སྙིང་འདར།

칙나배퇴쨩로닝달

귀에 들리는 것만으로도 마음과 가슴이 떨리니

།འདི་ཐོག་ཏུ་བྱུང་ན་རྗེ་ལྟར་བྱེད།

디톡뚜즁나지딸졔

그렇게 되었다면 무엇을 할 수 있으랴.

།དེ་སོམས་ལ་སྡིག་པ་དུག་ལྟར་འཛེམ།

데쏨라딕빠둑딸젬

        그것을 생각하며 악업을 독처럼 멀리하여

།གནས་ཐར་མེད་འཁོར་བའི་སྡུག་བསྔལ་ལས།

내탈메콜비둑알래

        벗어나기 어려운 윤회의 고통에서

།སྐྱོབ་ནུས་པར་བྱེད་པ་དཀོན་མཆོག་གསུམ།

쫍뉘빨졔빠꼰촉쑴

        구할 수 있는 힘을 가지신 삼보님

།ཁྱེད་མི་འབྲལ་སྙིང་ནས་གསོལ་བ་ཐོབ།

쳬미달닝내쏠와톱

        당신들을 여의지 않기를 가슴에서 청원합니다.

།མ་འགྲོ་དྲུག་སེམས་ཅན་ཐམས་ཅད་ཀུན།

마도둑쎔짼탐째꾼

        어머니이신 육도의 모든 중생들은

།སྔོན་ཆེ་རབས་མང་པོའི་ཕ་མ་ཡིན།

온체랍망뾔파마인

        이전 무수한 생의 부모이신데

།འདི་འཁོར་བའི་གནས་སུ་སྡུག་རེ་བསྔལ།

디콜비내쑤둑레알

        이 윤회의 장소에서 어려움을 겪으시니

།ཆོས་ཅི་བྱེད་འགྲོ་བའི་དོན་ལ་བསྔོ།

최찌졔도비돈라오

어떠한 법을 행하든 중생들을 위해 회향합니다.

།རྗེ་མཚན་ལྡན་བླ་མ་སྤྱི་བོར་བསྒོམ།

제챈댄라마찌볼곰

성스럽고 법다운 스승님을 정수리에 모시고

།སྙིང་རུས་པའི་གཏིང་ནས་གསོལ་བ་འདེབས།

닝뤼뻬띵내쏠와뎁

가슴, 뼛속에서부터 청원합니다.

།དེ་ཉིད་ཞུ་རང་གི་སེམས་དང་བསྲེ།

데외슈랑기쎔당쎄

그분이 빛으로 화해, 자심과 섞이니

།དེ་མ་བཅོས་རང་གི་སེམས་ལ་ལྟོས།

데마쬐랑기쎔라뙤

그 꾸밈이 없는 자심을 바라보라.

།ལར་ཕྱི་ནང་གསང་གསུམ་གར་འགྲོ་ལྟོས།

랄치낭쌍쑴갈도뙤

다시 내, 외, 비밀이 어디로 가는지 보라.

།སེམས་མ་བཅོས་དེ་ཡི་རང་ལ་ཞོག

쎔마쬐데이앙라쇽

마음을 조작함이 없는 그 상태에 놔두어라.

།སེམས་ཡོད་པ་མ་ཡིན་དངོས་པོ་མེད།

쎔요빠마인외뽀메

마음은 있는 것이 아니요 물질도 아니고

།མེད་པ་མ་ཡིན་ཅི་ཡང་རུང་།

메빠마인찌양댄

없는 것도 아니니 모든 생각이 일어난다.

།སེམས་རེས་འགའ་གནས་ཏེ་རེས་འགའ་འགྲོ།

쎔레가내떼레가도

마음은 때로는 머물고 때로는 움직인다.

།ཁྱེད་སེམས་ལ་བྱར་རྒྱུན་དུ་མཛོད།

쳬쎔라쟈라쥰두죄

그대여 마음을 항상 살피라.

།སེམས་དོ་བོ་སྟོང་པར་འདུག་པ་དེ།

쎔오오똥빨둑빠데

마음의 근원, 공성에 머물면

།སེམས་ཆོས་སྐུ་སྣང་བ་མཐའ་ཡས་ཡིན།

쎔최꾸낭와타얘인

그 마음은 법신 아미타이시고

།སེམས་རང་བཞིན་འོད་དུ་གསལ་བ་དེ།

쎔랑신외두쌀와데

마음의 본성품이 빛으로 선명할 때

།སེམས་ལོངས་སྐུ་ཕྱག་རྒྱས་རྗེ་ཆེན་པོ་ཡིན།

쎔롱꾸툭제첸뽀인

                    그 마음은 보신 관세음이시며

།སེམས་རྣམ་རྟོག་ཅི་ཡང་འཕྲོ་བ་དེ།

쎔남똑찌양토와데

             마음에 퍼져 나오는 어떠한 생각이든

།སེམས་སྤྲུལ་སྐུ་པདྨ་འབྱུང་གནས་ཡིན།

쎔뚤꾸빼마중내인

              그 마음은 화신 연화생 대사이시다.

།སེམས་དུག་ལྔའི་རྟོག་པ་ཅི་ཤར་ཡང་།

쎔둑애똑빠찌샬양

               오독[2]의 분별, 무엇이 일어나더라도

།ངོ་ཤེས་ན་རྒྱལ་བ་རིགས་ལྔ་ཡིན།

오쎄나좔와릭아인

               근원을 인식한다면 오방부처님[3]이시다.

།སེམས་གསལ་ན་གསལ་བའི་རྡོ་བོར་ལྟོས།

쎔쌀나쌀비오올뙤

            마음이 일어나면 일어나는 근원을 살피라

---

2) 탐심, 진심, 치심, 자만심, 질투심
3) 중앙 비로자나불, 동방 아촉불, 서방 아미타불, 남방 보생불, 북방 불공성취불

།གསལ་སྟོང་ཕྱག་རྒྱ་ཆེན་པོ་ཡིན།

쌀똥챡쟈첸뽀인

현공顯空의 대수인이다.

།སེམས་བདེ་ན་བདེ་བའི་ངོ་བོར་ལྟོས།

쎔데나데비오올뙤

마음이 편안하면 편안한 근원을 보아라

།བདེ་སྟོང་རྫོགས་པ་ཆེན་པོ་ཡིན།

데똥족빠첸뽀인

락공樂空의 대원만이다.

།སེམས་སྟོང་ན་སྟོང་པའི་རང་ཞལ་ལྟོས།

쎔똥나똥삐랑샬뙤

마음이 비었으면 공의 본 면목을 볼지니

།རིག་སྟོང་དབུ་མ་ཆེན་པོ་ཡིན།

릭똥우마첸뽀인

각공覺空의 대중론이다.

།སེམས་སྐྲག་ན་སྐྲག་མཁན་ངོ་བོར་ལྟོས།

쎔딱나딱캔오올뙤

마음이 두려우면 두려워하고 있는 이의 근원을 볼지니

།དེ་དམ་ཆོས་བདུད་ཀྱི་གཅོད་ཡུལ་ཡིན།

데담최뒤찌쬐율인

그것이 성법으로 마구니를 잘라 없애는 것이다.

།སེམས་དངོས་པོ་ཙི་ཡང་མ་མཐོང་ན།

쎔외뽀찌양마통나

> 마음이란 물질을 조금도 찾을 수 없다면

།སེམས་སྟོང་ཉིད་ཤེས་རབ་པར་ཕྱིན་ཡིན།

쎔똥니쎄랍팔친인

> 마음의 공성, 그것이 지혜바라밀이다.

།ཁྱེད་འགྲོ་ཞིང་འདུག་ཅིང་སེམས་ལ་ལྟོས།

체도싱둑찡쎔라뙤

> 그대여 가고 머물 때 마음을 보라

།འགྲོ་འདུག་དོན་དམ་གྱི་བསྐོར་བ་ཡིན།

도둑돈담지꼴와인

> 가고 머묾이 진제의 꼴와이다.

།བཟའ་ཞིང་བཏུང་ཞིང་སེམས་ལ་ལྟོས།

사싱뚱싱쎔라뙤

> 먹고 마시면서 마음을 볼지니

།བཟའ་བཏུང་ཟག་མེད་ཀྱི་ཚོགས་འཁོར་ཡིན།

사뚱삭메찌촉콜인

> 먹고 마심이 새지 않는 무루의 공양륜이다.

།ཁྱེད་ཉལ་ཞིང་གཉིད་ཅིང་སེམས་ལ་ལྟོས།

체냘싱니찡쎔라뙤

> 그대여 눕거나 잘 때 마음을 보라

།གཉིད་འོད་གསལ་ཟིན་པའི་གདམས་ངག་ཡིན།

니외쌀신삐담악인

수면 광명을 인식하는 구결이다.

།ཁྱེད་ཟབ་མོའི་བསྙེན་སྒྲུབ་བྱེད་པའི་དུས།

체삽뫼녠둡제삐뒤

그대여 심오한 진언수행을 행하는 때에

།དོན་ཟབ་མོ་རང་གི་སེམས་ལ་ལྟོས།

돈삽모랑기쎔라뙤

심오한 의미인 자심을 볼지니

།བདུད་བར་ཆད་བཟློག་ན་དེ་ཡིས་བཟློག

뒤발채독나데이독

마구니의 장애를 막는다면 그것으로 막을 것이며

།དུས་ད་ལྟ་འཕྲལ་དུ་གང་ཤར་ཡང་།

뒤다따탈두강댄양

그때 그때 일시적인 어떠한 생각들에도

།ཕུགས་སྒོམ་ཡུན་ཞི་དང་མཚམས་པར་ཀྱིས།

푹곰윤씨당냠빨지

결국 오랜 수행이 죽음까지 이어지길.

།མི་མང་པོའི་གཏམ་དང་ལྟད་མོ་དང་།

미망뾔땀당때모당

많은 사람과 함께 이야기나 구경하는

།སེམས་བསླུ་བའི་བྱ་བ་གང་སྐྱུབ་ཀྱང་།

쎔루비쟈와강둡꺙

　　　　　　마음을 빼앗길 일 어떠한 것을 하더라도

།དེར་ཡེངས་པའི་དབང་དུ་མ་སོང་བ།

델옝뻬왕두마쏭와

　　　　　　그것들에 산만하게 이끌리지 않는다면

།སྒོམ་ཟབ་མོ་གནད་ཀྱི་ཉམས་ལེན་ཡིན།

곰삽모내찌냠렌인

　　　　　　심오한 수행의 요체를 닦는 것이니

།དེ་མ་བརྗེད་ཏུ་རེ་དྲན་པར་གྱིས།

데마제뚜레댄빨지

　　　　　　이를 잊지 말고 순간 순간 인식할 것이다.

།དྲན་ཐོག་ནས་རང་ཚོ་ཐུབ་པར་མཛོད།

댄톡내랑초툽빨죄

　　　　　　이 인식 위에 주체성이 확립되어

།དེར་ཡང་ཡང་རང་དབང་འདུས་པ་ཡི།

델양양랑왕뒤빠이

　　　　　　이것에 거듭거듭 자유자재해지도록

།སྒོམ་ཉམས་ལེན་འདིས་གོམས་རེད་པར་གྱིས།

곰냠렌디곰레빨지

　　　　　　이 수행을 익혀 숙련시켜야 한다.

ཁྱོན་དེ་ལ་གོམས་ཤུན་རིང་བ་ན།

돈데라곰윤링와나

　　　　　그 상황에 순숙해짐이 오래되면

སྒོམ་ཐུན་མཚམས་འབྱོར་ཕྱུག་རྒྱུན་ཆད་མེད།

곰툰참콜육준채메

　　　　　수행 때와 쉬는 때의 흐름이 끊임없이

ཆུ་བོའི་གཞུང་འདྲ་བ་རྒྱུན་དུ་འབྱུང་བའི་རྟེན་འབྲེལ་ཡིན།

추뵈숭다와준두중비뗀델인

　　　　　큰 강줄기처럼 항상하는 연기緣起(인因이 된다)이다.

ཀརྨ་བསྟན་འཕེལ་གྱི་སྐྱེས་མཆན་ཁམས་པ་དཀ་དཔང་ཀུན་དགའ་བསྟན་འཛིན་དགེ་ལེགས་དཔལ་བཟང་
པོའི་ཞལ་གདམས་གསེར་ཞུན་མ་འདྲ་བ་སེར་སྐྱ་པོ་མོ་སྐྱལ་པ་དང་ཕུན་པ་རྣམས་ལ་གདམས་པའོ།། །།

　　　　　깔마땐펠의 환생의 환생 캄빠 아왕 꾼가땐진 겔렉빨상뽀의

　　　　　순금과 같은 구결을 스님들과 선근 복덕의 선 남자, 선 여인에게 전수합니다.

|ན་མོ་གུ་རུ་ཥ་རྩ་ཀ་ར་ཡེ།

나모구루따발까라예

나모구루따발까라예

|སྐྱབས་གནས་བསླུ་མེད་ཀུན་འདུས་འབྲུག་པ་རྗེ།

짭내루메꾼뒤둑빠제

속임 없는 귀의처의 총집 성스러운 둑빠

|ད་ནི་མི་འབྲལ་རྒྱུན་དུ་གསོལ་བ་འདེབས།

다니미달쥰두쏠와뎁

이제는 여의지 않기를 항상 청원합니다.

'짭내(སྐྱབས་གནས་)'는 '귀의처, 구해주는 곳'입니다. 우리를 구
해주시는 많은 분들이 계시는데, 일시적으로 구해주시는 분들
과 영원히 구해주시는 분들로 나눌 수 있습니다. 우리가 두렵거
나 무섭거나 어려움을 느낄 때 일시적으로 구해주시는 분들의
예를 들면, 병이 났을 때는 의사가 도움을 줍니다. 추울 때는 옷
이, 비가 많이 내릴 때는 집이 우리를 구해 줍니다. 그 외에 세
간의 신이나 귀신들도 순간 순간 우리가 어려움을 피해 갈 수
있게 해주기는 합니다. 그러나 우리를 도와주고 구해줄 수 있는
수많은 분들 중에 처음부터 끝까지 항상 영원한 분, 그리고 찰
나도 어긋남이 없고 잘못됨이나 거짓이 없는 분, 그분들이 바로
부처님과 법과 승단입니다.

'루메(ন্শ্ন'ৌন্')'는 '거짓이 없는'이란 뜻으로, 거짓이 없는 대상, 우리들의 마음이 가서 의지할 대상을 말합니다. 나를 구해 줄 거짓이 없는 대상이 무엇입니까? 부처님과 법과 승단입니다. 대 자유와 궁극적인 행복인 해탈과 일체지를 얻게 해 주실 수 있 는 분은 부처님이시고, 해탈과 일체지를 이룰 수 있는 길과 방 법을 보여주는 것은 법이며, 그 길을 감에 있어서 잘 갈 수 있게 끔 맞는지 안 맞는지 하는 의심을 없애 줄 수 있는 인도자 같은 분이 승단입니다.

'꾼뒤(শ্ৰ'ন্ন্ম')'는 '모든 것이 다 갖추어져 있는, 총집總集되어 있다'는 뜻이고 '둑빠제(ন্ৰ্ণ'ঘ'ৰ্ই')'는 '둑빠까규의 큰스님'으로, 성스러운 둑빠까규의 스승님께 청을 올리는 것입니다. 진정한 의미의 측면에 있어서 우리의 근본 스승님은 불·법·승 삼보가 다 구족되어 있습니다. 스승님의 몸은 부처님의 몸이고, 스승님 의 말씀은 법이며, 스승님 그 자체는 우리들과 같이 수행을 해 나가는 승단입니다.

이 글은 제3대 캄뚤 린뽀체이신 꾼가땐진께서 우리들이 대 수인 수행을 할 수 있도록 지으신 것입니다. 첫 세 줄은 꾼가땐 진께서 그분의 스승님께 청원을 올리는 부분입니다.

우리 마음에 부처님의 공덕이 있음에도 불구하고 우리는 끊 임없이 중생의 마음을 쓰고 있지 않습니까? '이제 당신을 여의 지 않기를 항상 청원한다'는 것은 제3대 캄뚤 린뽀체께서 당신의 스승님께 부처님의 공덕이 마음에서 일어나도록, 부처님의 공덕을 내가 더 이상 여의지 않기를 청원하는 것입니다. 청원할 때도 입으로는 청원을 하면서 속으로는 딴 생각을 하는 것이 아니라, 정말 가슴 깊은 곳에서 청원을 해야 합니다.

|ཁྱེད་ཚོས་ལ་བདག་ཆགས་ཉེད་པ་རྣམས།
체최라박착계빠남

　　　　　여러분, 법을 익혀가고 계신 분들께

|སྙིང་ནས་ཚོས་འབྲེལ་ཚིག་གསུམ་ཞུ།
닝내최델칙쑴슈

　　　　　가슴 속으로부터 법연이 될 세 말씀을 올립니다.

무시 이래로 우리가 무엇을 했는지, 어떤 습관을 지어왔고 쌓아왔는지에 따라서 지금 우리의 모습이 이 생에 나오고 있지 않습니까? 아기가 태어나면 아기가 가지고 있는 습관이 있듯이 무시 이래로 가지고 있는 습관이 있는데, 지금 제 앞에 계시는 여러분들은 법과 인연이 있는, 법에 헌신과 신심이 있고 법에 많은 습관을 지어 오고 계시는 분들입니다. 그런 분들께 제가 가슴 깊은 곳에서부터 우리들이 진정 일체지를 이룰 수 있는 법연이 될 세 말씀을 올리겠습니다. 진정 의미가 깊은 내용이지만 간단하게 말씀을 드리겠습니다.

|སྐྱེ་ར་མི་ལུས་ཐོབ་པ་ད་རེས་ཙམ།

찔미뤼톱빠다레짬

        일반적으로 인신보배를 얻은 것뿐만 아니라

|སློས་སྟོང་གསུམ་ལྡན་པ་ཤིན་ཏུ་དཀོན།

괴돔쑴댄빠신뚜꼰

        특별히 세 가지 계율을 갖춘 것은 매우 희유하여

|ལུས་འདི་འདྲ་ཐོབ་པའི་དུས་འདི་རུ།

뤼디다톱삐뒤디루

        이러한 몸을 얻은 이때에

|ཆོས་རྣམས་དག་འབད་པར་མ་བྱས་ན།

최남닥배빨마쟤나

        법을 여법히 정진하지 못한다면

|ལུས་འདི་འདྲ་ཕྱིས་ནས་མི་རྙེད་པས།

뤼디다치내미녜빼

        이러한 몸을 뒤에는 얻을 수 없음에

|དུས་འདི་ལ་ཕྱག་དང་བསྐོར་བ་མཛོད།

뒤디라챡당꼴와죄

        이때에 귀의대배와 꼴와를 해야 합니다.

|དགྲ་འཆི་བདག་གཤིན་རྗེ་ཁྱད་བཅན་པོ།

다치닥씬제캐짼뽀

        원수 죽음의 주인 염라대왕은 특별히 엄중하고

།ཁོ་ནམ་ཡོང་ངེས་ཏིག་ཏིག་མི་འདུག་པས།

코남용띡띡미둑빼

그가 언제 올지는 확실하지 않음에

།ཆོས་བྱེད་བསམས་ཡོད་ཀྱང་འཆི་བས་གཏུག

최제쌈요쨩치배뚝

법을 행하고자 마음먹지만 죽음과 만나지니

།ཁྱེད་དཉི་སྡིག་སྤོངས་དགེ་བ་སྒྲུབས།

체다니딕뽕게와둡

여러분은 이제라도 악업을 버리고 선업을 지어야 합니다.

།གནས་ངན་སོང་གསུམ་གྱི་སྡུག་བསྔལ་དེ།

내앤쏭쑴지둑알데

삼악도의 그 고통들은

།ཚིག་ཙམ་བས་ཐོས་ཀྱང་བློ་སྙིང་འདར།

칙나배퇴쨩로닝달

귀에 들리는 것만으로도 마음과 가슴이 떨리니

།འདི་ཐོག་ཏུ་བྱུང་ན་ཇི་ལྟར་བྱེད།

디톡뚜즁나지딸제

그렇게 되었다면 무엇을 할 수 있으랴.

།དེ་སོམས་ལ་སྡིག་པ་དུག་ལྟར་འཛེམ།

데쏨라딕빠둑딸젬

그것을 생각하며 악업을 독처럼 멀리하여

|གནས་ཐར་མེད་འཁོར་བའི་སྡུག་བསྔལ་ལས།

내탈메콜비둑알래

벗어나기 어려운 윤회의 고통에서

|སྐྱོབ་ནུས་པར་བྱེད་པ་དཀོན་མཆོག་གསུམ།

쬽뉘빨제빠꼰촉쑴

구할 수 있는 힘을 가지신 삼보님

|ཁྱེད་མི་འབྲལ་སྙིང་ནས་གསོལ་བ་འདེབས།

체미달닝내쏠와톱

당신들을 여의지 않기를 가슴에서 청원합니다.

가. 로독남시(བློ་སློག་རྣམ་བཞི་ 사공가행四共加行)

－가만난득(인신보배), 제행무상, 인과응보, 윤회개고

우리는 법을 수행해야 합니다. 법을 수행해 나가는 차제에는 예비수행과 본수행 두 가지가 있습니다. 예비수행에서는 〈가만난득暇滿難得(인신보배), 제행무상, 인과응보, 윤회개고〉라고 하는 네 가지에 대한 사유를 깊이 해야 합니다.

이러한 사유를 먼저 해야 하는 이유는 무엇일까요? 법을 수행하는 이유와 목적은 무엇입니까? 우리는 왜 법을 수행하고 이 자리에 와서 시간과 에너지를 투자하고 있습니까? 그것은 우리가 부처님의 과위를 이루고자 하는 것이고, 일체지를 이루고자 하는 것이며, 지금강불의 지위를 이루고자 하는 것입니다. 어떤 이름으로 말씀드리든 간에 우리가 '이 답답하고 알수 없는, 생과 죽음을 반복하고 좋고 싫음을 반복해야 하는 이러한 윤회계의 고통에서 한번 벗어나보자, 정말 벗어나야겠다.'는 마음으로 인해서 부처의 지위를 이루게 되는 것입니다.

그런데 이처럼 벗어나고자 하는 발심이 별로 일어나지 않는분들이 있습니다. 그냥 이 세상에서 돈을 많이 벌어 잘 살 수있으면 된다고 생각하시는 분들은 굳이 이 예비수행을 할 필요가 없습니다. 그러나 진정으로 온전한 해탈과 자유를 원한다면 이 예비수행, 네 가지에 대한 사유를 깊이 해야 합니다. 내 마음이 그러한 것에 익어 있지 않고는 불과佛果에 도달하는길에 들어갈 수 없습니다.

부처님께서 깨달음을 얻으신 후 초전법륜을 굴리신 것이 사성제인데, 사성제에서 제일 처음에 말씀하신 것이 "윤회하는이 세상은 다 '고苦'다." 입니다. '윤회계는 정말 고통이다.'라는생각이 일어나서 정말 그 쪽에 마음이 덜 가게 되는 것, 그것을 염리심厭離心이라고 표현합니다. 부처님께서는 염리심이 일어나야 한다고 말씀하셨습니다.

'이 세상의 실체가 고통이다.'라고 그냥 생각하는 것이 아니라 이 세상의 실체를 있는 그대로 알아야 합니다. 실제 모습이어떠한지 알지 못하기 때문에 우리는 계속해서 윤회계를 돌고 있는 것입니다. 따라서 지금부터는 내 마음이 의미 없는 윤회계로 가는 것을 돌이켜서 완전한 지혜, 일체지, 완전한 자유로 향하게 만드는 것, 그것이 '로독남시(ཀློ་ལྡོག་རྣམ་བཞི་ 생각이 돌아오게 하는 네 가지 가르침)'이며 이는 어떤 수행을 하든 반드시 해야 합니다.

사성제는 모든 부처님 법의 기초가 됩니다. 고통이 고통인 줄 알아야 한다고 합니다. 우리가 어디에서 벗어나야 할지, 무엇으로부터 해탈해야 하는지 알고 있어야 해탈하지 않겠습니까? 이 세상과 우리가 있는 모든 상태가 '고苦'라는 것을 알아야만 그것에서 벗어날 생각을 하게 됩니다. 고통이라고 인식하지 못하면 벗어날 생각도 할 수 없기 때문입니다. 예를 들어 우리에게 무슨 병이 있는지 알아야 그 병에 대한 약을 처방해서 병을 낫게 하고 건강해지지 않겠습니까? 따라서 고통이 고통인 줄 알아야 하고, 왜 내가 고통을 받고 있는 것인가를 또한 생각해야 합니다.

그 원인은 바로 내가 계속 짓고 있는 번뇌 때문입니다. 그 번뇌에 의해서 업을 만들고 고통이 일어날 만한 조건들을 다 만들어 놓고 있기 때문에 고통이 일어난다는 것입니다. 그것이 '집集'입니다.

고통을 벗어난 상태가 얼마나 좋은지, 그리고 벗어난 상태가 무엇인지 알아야 수행의 길로 들어가게 됩니다. 삶이 고통이라는 것을 알게 되면 고통에서 벗어나려고 하게 됩니다. 무엇에서 벗어나야 되는지를 생각해보면 업과 번뇌에서 벗어나야 하고 업을 만들 수 있는 인을 버려야 합니다. '멸滅'은 그렇게 해서 얻게 되는 것이 행복이라는 것입니다.

그러한 행복을 얻기 위해서 내가 실질적으로 해야 하는 것, 실질적으로 가야 할 길이 무엇인가 하는 것이 사성제의 핵심인 '도道'입니다.

궁극적으로 내가 마음을 돌이켜야 합니다. '지금까지 계속 흘러온 쪽으로 마음이 가서는 불과를 얻을 수 없다. 지금 집착하고 있는 이 세간이 싫고 의미가 없다.'라고 하는 염리심이 마음에서 일어나야 합니다. 염리심을 일으킬 수 있는 비결은 다음 네 가지에 대한 생각을 잘 하는 것입니다.

1) 가만난득[4](인신보배)

내가 인간의 몸을 받았다는 것입니다. 인간의 몸을 받고 있다는 것이 얼마나 중요한 기회인지를 생각해야 합니다. 수많은 몸들(지옥, 아귀, 축생의 몸, 또는 천상이나 아수라의 몸)보다도 인간의 몸을 받은 것이 참으로 좋은 기회라는 것을 알아야

---

4) 가만난득(8유가, 10원만을 구족한 상태가 어려움)
● 8유가 : 지옥, 아귀, 축생, 장수천, 불법을 모르는 곳, 불법을 모르는 시기에 태어나지 않음과 오근을 구족한 몸으로 태어남과 삿된 견해를 가지지 않는 것
● 10원만 : 인신을 얻음, 불법이 있는 곳에 태어남, 오근을 구족함, 오무간죄를 짓지 않음, 신심을 갖춤, 부처님이 계심, 불법이 전해짐, 불법이 유지됨, 불법을 배움, 선지식이 있음

합니다.

 그 중에서도 인신보배라고 표현할 때는 몸이 법을 듣고 수행할 만한 조건을 다 갖추고 있어야 합니다. 수행을 하려고 해도 이해력이 부족하면 안 됩니다. 또 법에 마음이 있어야 하고, 신심이 있어야 합니다. 그러한 것들이 갖추어져 있어야 인신보배라고 할 수 있습니다.

 그런데 이러한 인신보배라는 기회는 우연히 얻어질 수 있는 것이 아니고 무시 이래로 계율을 잘 지켰기 때문에 얻어졌다는 것을 정확히 알아야 합니다. 계에는 몸으로 짓는 세 가지(살생, 투도, 사음)와 말로 짓는 네 가지(망어, 양설, 악구, 기어), 그리고 마음으로 짓는 세 가지(탐욕, 진에, 사견)를 짓지 않는 것이 있습니다. 이러한 계율을 잘 지켰기 때문에 지금 이 기회를 가지고 있다는 것을 확실히 알아야 합니다.

 그냥 인간의 몸이 아니라 법과 불과佛果에 마음이 가 있는 인신보배를 가지고 있는 이익은 정말로 큽니다. 부처님의 불과를 얻기에 가장 좋은 상태가 인간의 몸입니다. 그런 상태 중에서도 스님들이 별해탈계別解脫戒[5]를 가지고 계시거나 여러분들

---

5) 별해탈률의(別解脫律儀)라고도 한다. 3종 계(戒)의 하나. 수계(受戒)하는 작법에 의지하여 5계·10계·구족계 등을 받아 지니어, 몸이나 입으로 짓는 악업을 따로 따로 해탈하는 계법. ⇒바라제목차(波羅提木叉)·별해탈(別解脫)·팔종별해탈계(八種別解脫戒)

이 보살계菩薩戒[6]를 가지고 계시거나, 또는 관정을 받아 금강승
계金剛乘戒[7]를 가지고 있는 것은 인신보배를 가지고 있는 사람
들 중에서도 더 얻기 어렵습니다.

2) 제행무상

여러분은 인신보배를 얻었고, 그 중에서도 보살계를 가지고
계시니까 굉장히 뛰어난 상태에 계십니다. 그것이 인식되시나
요? 이처럼 우리가 현재 굉장히 좋은 상태에 있음에도 불구하
고 언제 죽을지 모른다는 것이 문제입니다. 보통 우리는 지금
이 9월이니까 3개월만 지나면 내년이 오지만 내생은 멀리 있
을 것이라고 생각합니다. 그러나 호흡이 끊어지면 그때가 바로
내생입니다. 그렇다면 내년이 빠른가요, 내생이 빠른가요? 내
생이 더 빠를 수 있습니다. 다시 말해서 그것이 확실하지 않다

---

6) 대승의 보살이 받아 지켜야 할 삼취정계(三聚淨戒)·십중금계(十重禁戒)
등의 계율

7) 14근본타죄(밀부의 무상요가부에 있으며, 마명보살님이 쓰심)를 짓지 않는
것. 밀승에서 응당 없애야 하는 14가지 근본 죄행으로 심혈을 기울여 잘 지키
지 않으면 지옥에 가게 됨.
①금강아사리(관정 내리신 분)를 속이고 경시, ②가르침, 계율을 위반(특히 적
백 명점을 유실한 허물), ③(한 만다라에서 관정받은)금강형제를 증오, ④자애
심(중생의 행복을 원하고 돕는 마음)을 버림, ⑤보리심을 버림, ⑥내, 외의 각
종파를 애증의 동기에서 비방, ⑦비밀을 유출(밀승의 근기가 아닌 이에게 설
법), ⑧육체를 손상(자살 등 자신自身에 해를 끼침 − 오온은 본존 그 자체임을
알아야 함), ⑨자성청정 정법을 의심(일체 법의 청정, 공성에 대한 의심), ⑩여
러 멸법의 행위에 대해 인자함을 가짐, ⑪분별심으로 명언 묘법을 멀리함, ⑫신
심을 파멸시킴, ⑬성물, 법기 등을 여법히 쓰지 않는 것, ⑭지혜의 상징인 여성
을 낮게 봄

는 말입니다. 우리는 내일 아침에 숨을 들이마시지 못할 수도 있습니다. 그렇지 않다고 확신할 수 있는 사람은 아무도 없습니다. 결국, 내가 5분 뒤에 내생을 맞이할 수 있다는 것을 잊지 않아야 합니다.

이를 잘 생각해야 하고, 그것에 대해 익어져 있어야 합니다. 그렇지 않으면 항상 산만해지고 게을러집니다. 내일이 또 오고 그 다음 날도 또 올 것이라고 생각하기 때문입니다. 그러나 5분 뒤에 죽을 수도 있다고 생각하면 긴장되고 무엇인가를 하려고 합니다. 그렇기 때문에 이 인생을 낭비하지 않게 됩니다. 투자해서 굳이 돈을 많이 벌려고 할 필요가 없습니다. 이 몸이 귀한 것입니다. 따라서 우리가 5분 뒤에 죽을 수 있다는 사실만 잊지 않아도 절대 손해를 안 보게 되어 있습니다.

이처럼 5분 뒤에 죽을 수 있다는 사실이 마음에 익어지게 되면 저절로 수행이 됩니다. 그러면서 이 진리와 법에 대해 신심과 환희심이 일어나게 됩니다. 이러한 신심과 환희심으로 열심히 수행을 해 나가게 되면 정진력이 생기게 됩니다. 그러한 정진력을 가지고 절을 하고 법당을 돌고 기도를 하고 명상을 해야 합니다.

그런데 수행을 하는 데는 두 가지 모습이 존재합니다. 겉으로 볼 때는 수행을 하는 것 같은데 실질적으로 수행이 되지 않고 있는 경우와 겉으로 어떤 모습을 하고 있든 수행이 되고 있는 경우의 두 가지가 있습니다. 겉으로 보기에도 수행이면서 진정한 의미로도 수행이 될 수 있도록 정진해야 합니다. 모양도 수행이지만 진정한 의미와 내용, 동기가 수행일 수 있도록 해야 합니다.

죽음은 언제 올지 확실하지 않습니다. 죽음이 다가오고 삶이 끝나가는 것에 대해 밀라래빠께서 많은 말씀을 하셨습니다. 태양이 떠오르면 그림자가 사라집니다. 태양이 떠오르는 것처럼 죽음이 다가오고, 그림자가 사라져 가는 것처럼 우리 삶이 사라져갑니다. 째깍째깍 시간이 흘러가는 양만큼 우리는 계속 죽음으로 다가가고 있다는 것을 찰나 찰나 잊지 않아야 합니다.

3) 인과응보

그런데 죽고 나서 잠에 떨어진다거나 불이 탁 꺼져서 사라진다거나 하는 식으로 죽음이 이루어지는 것이라면 괜찮습니다. 죽고 나면 다 끝나기 때문입니다. 그러나 문제는 그렇지 않다는 것입니다. 죽음 이후에는 우리가 현재 겪고 있는 어려움보다 더 큰 어려움을 겪게 됩니다.

우리가 마음에 어떤 습기를 어떻게 쌓아 놓았는지에 따라 죽고 나서 겪게 될 고통은 이루 말할 수가 없습니다. 지금보다 훨씬 더 괴롭고 더 많은 고통과 어려움이 일어납니다. 그래서 지금 법을 만났을 때 손에 잡은 보석을 놓지 않는 것처럼 선업을 쌓아야 합니다.

4) 윤회개고

우리는 지금 윤회계에 묶이고 얽혀 있습니다. 윤회계에 묶이고 얽혀 있는 가장 큰 이유는 윤회계가 우리를 묶고 얽는 것이 아니라 내가 대상에 마음을 갖다 붙이는 것, 그것이 나를 묶고 있기 때문입니다.

사랑하는 사람이나 미워하는 사람이 아무리 존재한다 해도 내가 그 대상에 마음이 가지 않는다면 대상이 나를 묶을 수 없습니다. 내가 내 몸, 내 생, 내 재산, 내 수명, 내 모든 것에 마음을 스스로 묶어 딱 잡고 떼어놓지 않기 때문에 거듭거듭 생을 받아 반복되는 고통들을 겪고 있는 것입니다. 또한 일반적으로 윤회라는 것 자체가 우리들의 습기, 집착입니다.

미륵부처님께서 말씀하시기를 "윤회계 어디에 태어난다 해도 행복은 없다."고 하셨습니다. 예를 들어 더러운 방에 있으면 어디에도 몸을 눕힐 수 없고 손을 대기 싫고 눈으로 보기도 싫습니다. 더러운 방에 있을 때 깨끗한 것을 볼 수 없는 것처럼, 나고 죽고 계속 돌고 도는 이 윤회계에 집착을 일으키고 있는 이 상태에서는 행복이 없으며 고통에서 벗어날 방법도 없는 것입니다.

나. 삼보께 청원

이러한 고통의 상태에 있는 우리를 구해줄 수 있는 분들이 누구일까요? 우리가 살고 있는 욕계欲界의 천상 삼십 삼천에는 제석천 같은 분들이 계십니다. 그분들은 진정 온 우주를 자신의 영역으로 하고 계신 분들이지만, 그러한 분들도 우리를 구할 수 없습니다. 왜냐하면 그분들 역시 번뇌와 업 속에 얽혀 있고 벗어나 있지 못하기 때문입니다. 벗어나 있지 못한 분이 어떻게 우리를 벗어나게 하겠습니까?

하지만 불·법·승 삼보는 모든 공덕을 갖추고 계신 분들이기 때문에 우리를 벗어나게 해 주실 수 있습니다. 그렇기 때문에 그분들께 도와 달라고 필히 청을 올려야 합니다. 간절히 청을 올린 다음에 완전한 깨침을 얻기 위한 대수인의 수행을 해 나갑니다. 먼저 우리의 상태가 어떠한지 스스로 알고 구해 달라고 청을 올려야 하는 것입니다.

།མ་འགྲོ་དྲུག་སེམས་ཅན་ཐམས་ཅད་ཀུན།
마도둑쎔쩬탐째꾼

어머니이신 육도의 모든 중생들은

།སྔོན་ཆེ་རབས་མང་པོའི་ཕ་མ་ཡིན།
온체랍망뾔파마인

이전 무수한 생의 부모이신데

|འདི་འཁོར་བའི་གནས་སུ་ཕྱུག་རེ་བསྲལ།
디콜비내쑤둑레알

이 윤회의 장소에서 어려움을 겪으시니

|ཚོས་ཅི་བྱེད་འགྲོ་བའི་དོན་ལ་བསྔོ།
최찌졔도비돈라오

어떠한 법을 행하든 중생들을 위해 회향합니다.

|རྗེ་མཚན་ལྡན་ཕྱུག་བླ་མ་སྤྱི་བོར་བསྒོམ།
제챈댄라마찌볼곰

성스럽고 법다운 스승님을 정수리에 모시고

|སྙིང་རུས་པའི་གཏིང་ནས་གསོལ་བ་འདེབས།
닝뤼삐띵내쏠와뎁

가슴, 뼛속에서부터 청원합니다.

|དེ་འོད་ཞུ་རང་གི་སེམས་དང་བསྲེ།
데외슈랑기쎔당쎄

그분이 빛으로 화해, 자심과 섞이니

|དེ་མ་བཅོས་རང་གི་སེམས་ལ་ལྟོས།
데마쬐랑기쎔라뙤

그 꾸밈이 없는 자심을 바라보라.

그러나 구해 달라고 청을 올리는 것만으로는 대수인의 상태에 들어갈 수 없습니다. 그러기 위해서는 우리 마음에 진정한 자애와 연민이 필요합니다. 그냥 자애와 연민이 아닌 큰 자애와 큰 연민이 필요합니다. 그래야만 불과를 이룰 수 있습니다.

자애와 연민을 일으켜야 하는 이유는 무엇입니까? 나와 모든 중생들은 무수한 생을 환생하다 보니 너무나 많은 부모들을 가지고 있습니다. 셀 수 없이 많은 사람들과 인연을 맺어왔기 때문에 내 주위의 모든 중생들은 나의 어머니였던 적이 있습니다. 그런 어머니들이 참기 힘든 고통을 당하고 있습니다. 불쌍한 강아지가 어떻게 해야 할지 모른 채 찻길에서 차에 치일까 봐 무서워서 도망 다니는 것처럼 우리 어머니들이 그런 상태에 있습니다.

따라서 내가 지은 좋은 일들과 수행한 것을 그분들을 위해 회향해야 합니다. 성스럽고 여법한 스승님을 정수리에 모시고 가슴 깊은 곳에서부터 그분들을 위해서 보리심을 일으키겠다는 마음으로 청원을 해야 합니다. 대수인大手印(마하무드라, Sk.Mahamudra)을 온전히 깨우치기 위해서는 조건이 필요합니다. 조건이 갖추어지면 결과는 일어납니다. 조건을 갖추지 않고 결과를 이루려 하면 잘 안 됩니다. 그 조건이 바로 구루요가인데, 스승님과 마음이 하나가 되는 과정이 반드시 필요합니다. 그러기 위해서는 스승님께 청원을 올려야 합니다.

우리는 하루 동안 좋은 생각을 한 차례라도 하나요? 잘 못합니다. 그래서 번갯불과 같이 잠시라도 좋은 마음이 일어나려면 스승님의 가피가 필요하다는 말들을 합니다. 이 법맥을 받아서 법맥을 잇고 계시는 전승조사 스님들, 석가모니 부처님으로부터 나에게 이르기까지 완전한 성취의 법맥을 이어주시는 전승조사 스님들의 가피력이 와야만 내 마음을 가리고 있는 먹구름이 사라지고 우리들 본연의 모습이 스승님과 계합될 수 있는 것입니다.

전승조사 스님들의 가피력이 근본 스승님께 내려오고 근본 스승님의 가피력이 나에게 내려왔을 때 법과 스승님에 대한 신심과 헌신이 일어납니다. 주고받는 것이 잘 되어야 합니다. 그렇기 때문에 여러분들은 정말 정신 차려서 무엇을 주고받을지 알고 노력을 해야 합니다. 나의 특별한 헌신과 신심에 의해서 그분들의 가피가 나에게 들어올 때 내 마음에 대수인의 깨침이 일어난다고 합니다.

어떤 부처님, 어떤 모양이라도 상관없이 여러분의 근본 스승님(마음에 믿음이 가시는 분)을 정수리에 관하고 청을 올립니다. 그분께 '제가 진정으로 대수인, 마하무드라의 가르침을 깨칠 수 있도록 해주세요. 그런 공덕이 제 안에 일어나게 해주세요.'라고 간절히 청원을 올리는 것이 마하무드라 수행의 시작입니다.

'전승조사 스님들과 당신의 모든 가피가 제 안에 들어와서 제 마음에 대수인의 깨침이 일어나게 해주세요.'라고 청을 올리고 난 후, '스승님께서 빛으로 화해서 나에게 들어와 내 마음과 스승님의 마음이 둘이 아니라 하나로 되었다'고 관상하고 잠시 선정에 들어보십시오.

모든 사람들이 수행을 하는데 어떤 사람은 성취를 하고 어떤 사람은 성취를 못합니다. 그 차이는 그 사람이 진정으로 원하는가 원하지 않는가, 얼마나 강하게 그것을 갈구하는가 갈구하지 않는가, 얼마나 강하게 신심과 헌신을 일으키는가에 달려 있습니다.

다. 대수인 수행

대수인 수행을 하기 위한 예비 수행에 대해서 다시 말씀드리면, 귀의하여 보리심을 일으키고 진정으로 청원을 올려야 합니다. 청원을 올린 다음 스승님과 내가 하나가 된 상태에서 머물러 보십시오. 모든 것이 둘이 아닌 자리에 머물러 보십시오. 조작함이 없는 마음의 상태, 마음 본연의 모습, 그 상태에 머물러 보십시오.

그런데 우리의 마음은 찰나에도 머물지 못합니다. 가만히 머물지 못하도록 계속 마음을 흔들어 대는 것이 번뇌입니다. 과거나 미래를 생각하거나 현재의 여러 가지 생각들로 우리를 끊임없이 뒤흔들고 잠시라도 고요할 수 없게 만드는 번뇌의 힘 때문에 우리 마음 본연의 조작함이 없는, 의도된 바가 없는 모

제9대 캄뚤 린뽀체께서 선정에 드신 모습

습으로 머물기가 어렵습니다. 근원은 비어있으되 저절로 모든 것이 드러나고, 그러면서도 평온한 상태인 우리의 본모습이 유지가 안 되는데 그것은 번뇌 때문입니다. 과거·현재·미래 삼세의 번뇌가 나를 흔들지 않는 상태로 그렇게 한번 두고 보십시오.

그러면 수행이라는 것은 번뇌를 막아야 하는 것일까요? 그것은 아닙니다. 번뇌가 없다고 수행이 잘 되는 것은 아닙니다. 잠을 잘 때나 아무 의식이 없을 때 번뇌가 없나요? 아닙니다. 궁극적인 핵심은 번뇌의 힘이 자신을 움직이도록 두지 않아야 하는 것입니다. 번뇌는 항상 존재합니다. 그러나 그 번뇌의 힘이 자신을 움직이도록 두지 마십시오.

수행을 할 때 제일 중요한 것은 번뇌가 우리 자신을 좌지우지하도록 내버려두지 않기 위해 깨어 있어야 합니다. 도둑이 들어오는 것을 알고 막아내는 것처럼 번뇌가 일어나는 것을 아는 것, 보는 것, 그리고 사라지는 것, 이 세 가지 지점을 잘 살펴야 합니다.

번뇌가 일어나는 것을 아는 것, 보고 있는 것, 보고 있으면 고요해지고 사라지는 것, 이 세 가지 상태가 있습니다. 세 가지 지점을 잘 인식하십시오. 일어나는 것, 생각이 변해가는 것을 보고 있는 것 그 자체가 정념입니다. 정념을 하게 되면 그것이 사라지는데, 그 달라져 가는 상태를 잘 보고 있어야 합니다.

|ལར་སྐྱེ་ནང་གསང་གསུམ་གང་འགྲོ་ལྟོས།
랄치낭쌍쑴갈도뙤

　　　　다시 내, 외, 비밀이 어디로 가는지 보라.

|སེམས་མ་བཅོས་དེ་ཡི་ངང་ལ་ཞོག
쎔마쬐데이앙라숙

　　　　마음을 조작함이 없는 그 상태에 놔두어라.

|སེམས་ཡོད་པ་མ་ཡིན་དངོས་པོ་མེད།

쎔요빠마인외뽀메

마음은 있는 것이 아니요 물질도 아니고

|མེད་པ་མ་ཡིན་ཅི་ཡང་དྲན།

메빠마인찌양댄

없는 것도 아니니 모든 생각이 일어난다.

마음이 간다고 한다면 어디로 갑니까? 마음은 가는 것이 없습니다. 우리의 생각이 움직이는 게 가는 것이라고 본다면 찾아지지 않습니다. 일을 해야 할 때는 애를 써야겠지만, 수행할 때는 마음을 어떻게 하려고 애쓰지 말고 다 놓고 마음을 가만히 보고 있어야 합니다. 무슨 생각이 일어나면 어디서 일어나는지, 어디에 얼마나 어떻게 머물러 있는지, 사라지면 어떻게 변해가고 사라지는지 그렇게 가만히 보고 있어야 합니다.

보통 우리들은 마음이 있다고 생각합니다. 있는 것이라면 물질인데, 물질이라면 분명히 모양과 색깔이 있어야 합니다. 그런데 인식하려고 아무리 찾아보아도 모양과 색깔이 없어서 인식할 수 없습니다. 아무리 찾아보아도 없고, 진정한 실체가 있는지 봐도 없고, 잡으려 해도 잡을 수 없고 얻으려 해도 얻을 수 없습니다.

그러므로 없는 것입니다. 그래서 '똥빠니(སྟོང་པ་ཉིད་ 공空)'라고 이름 붙였습니다. 있는 것도 아니고 물질도 아닌 것이 마음입니다. 그러한 마음이 어떻게 움직여가고 있는지 편안히 앉아서 구름이 흘러가는 것을 바라보는 것처럼 가만히 보고 있어 보십시오.

그러면 '마음은 없구나.'라고 생각하게 됩니다. 손가락으로 집으려 해도 집을 수가 없습니다. 그러나 마음으로 느끼고 생각하고 있으므로 없는 것이 아니며, 있다고 생각하면 아무리 찾아보아도 없습니다. 또 마음이 없다고 생각할 때도 분명히 생각하고 인식하고 있는 것이 있습니다. 그러면 무엇인가요? 궁극적으로 없는 것도 아니고 있는 것도 아닙니다.

마음이 있는 것이라고 한다면 마음이 일어나는 지점이 보여야 하고 머물고 있는 지점이 보여야 하는데 그것을 살펴보면 없습니다. 하지만 우리에게는 있는 것처럼 보입니다. 그것은 살피는가 살피지 않는가의 차이입니다. 있는 것처럼 보이는 것은 어떤 흐름을 본 것일 뿐입니다. 마음 그 자체는 일어나는 순간이 인식되지 않고 머무는 것도 인식되지 않습니다. 동시에 색깔도 없고 모양도 없습니다. 이는 마음이 있다고 하는 주장을 깨는 것입니다.

없어져야 한다면, 있는 것이 있어야 없어질 수 있습니다. 처음부터 없었던 것이기 때문에 없어질 수 없는 것입니다. 태어난 것이라면 죽을 것이고 없어질 것입니다. 그러나 마음은 처음부터 없었던 것이기 때문에 없어질 수 없습니다.

그러므로 '없다'고 얘기해도 한 변에 치우치는 것이고, '있다'고 얘기해도 한 변에 치우치는 것입니다. 마음이라는 것은 있는 측면에 치우칠 수 있는 요소도 아니고, 없는 측면에 치우칠 수 있는 요소도 아닙니다.

།སེམས་རེས་འགའང་གནས་ཏེ་རེས་འགའང་འགྲོ།

쎔레가내떼레가도

          마음은 때로는 머물고 때로는 움직인다.

།ཁྱེད་སེམས་ལ་རྒྱར་རྒྱུན་དུ་མཛོད།

체쎔라쟈라쥰두죄

          그대여 마음을 항상 살피라.

마음이라는 근본 성질은 있는 것도 아니고 없는 것도 아니고, 때로는 머물고 때로는 움직이고, 때로는 사랑했다 때로는 미워했다 하는 것이므로 한 변에 치우치지 말고 일단 가만히 살펴보십시오. 자신의 마음을 꾸준히 계속해서 살펴볼 뿐입니다.

우리는 마음을 바깥으로 향하고 있는데, 마음을 밖으로 향하지 말고 안으로 향하게 하고 마음이 어떻게 움직여가고 있는지 살펴보십시오. '이거다, 저거다' 하고 치우치지 말고 마음이 어떤 모습을 드러내든지 계속 살펴보십시오.

|སེམས་ངོ་བོ་སྟོང་པར་འདུག་པ་ནི།
쌤오오똥빨둑빠데

마음의 근원, 공성에 머물면

|སེམས་ཆོས་སྐུ་སྣང་བ་མཐའ་ཡས་ཡིན།
쌤최꾸낭와타얘인

그 마음은 법신 아미타이시고

마음의 근원은 '비어있음'입니다. 마음은 '색즉시공色卽是空'
입니다. 비어있음과 동시에 또렷하고 선명하게 드러나는 것, 그
둘이 한 모습으로 존재합니다. 우리는 모든 것을 알고 있다고
생각하고 있습니다. 때때로 과거도 생각하고 미래도 생각하고,
현재 오근이 인식하는 대상들을 다 보고 알고 느끼고 있습니
다. 이렇게 또렷이 인식하고 있는 이 자체 또한 우리의 마음입
니다.

우리는 6식을 가지고 있습니다. 눈으로 대상의 모습을 보고
인식하면서 분별하는 안식이 있고, 귀로 인식하는 이식이 있
는 등, '안·이·비·설·신·의'에 따라 6가지 식이 존재합니다. 일반
적으로 마음이라는 것은 대상을 인식합니다. 대상이 있고 그
대상을 인식하는 우리의 마음이 있는데, 그 마음을 의식이라
고 합니다. 그 중에서 제일 핵심적인 의식이 6식 중 여섯 번째

인 '의식'입니다.

예를 들어 빈 집에 창문이 다섯 개 있는데 그 안에 아주 빠르게 움직이면서 굉장히 잘 노는 원숭이가 들어있다고 생각해 보십시오. 원숭이가 이쪽 창문으로 얼굴을 내밀었다가 저쪽 창문으로 손을 내밀었다가 또 다른 창문으로 발을 내보이며 왔다 갔다 할 때, 밖에서 보면 안에 원숭이가 여러 마리 있는 것처럼 보입니다. 하지만 그 안에 원숭이는 한 마리밖에 없습니다.

그와 마찬가지로 우리들의 의식은 하나밖에 없으나 그 의식은 온 우주에 편만해 있습니다. 우리 마음이라는 것은 한정적이지 않고 온 허공과 같이 편만해 있으며, 또한 시간을 잴 수 없을 만큼 빠릅니다. 따라서 눈으로 대상을 볼 때는 눈에 빨리 반응해서 대상을 인식하는 안식이 되고, 눈에 가 있다가도 다음 순간에 귀로 와서 소리를 듣는 이식이 되고, 마찬가지로 코에, 입에, 몸에 오게 됩니다. 이렇게 의식은 하나이지만 그 의식이 우리 몸 각각의 기관에 의해 아주 빠르게 움직여서 여러 개가 있는 것처럼 보입니다. 하지만 결국 우리의 의식은 하나입니다.

인식하는 근본은 분별을 일으키지 않으나, 제6식인 의식이 우리 감각기관에 닿아서 분별을 일으킵니다. 즉 우리 눈은 대상을 볼 뿐입니다. 안식 그 자체는 대상을 보고 인식할 뿐이지 분별을 일으키지 않습니다. 귀가 소리를 들을 때 소리를 인식할 뿐이지 분별을 일으키지 않습니다. '좋다 나쁘다, 이렇다 저렇다'고 판단하고 분별을 일으키는 것은 의식입니다.

밖의 대상이 있을 때 그 모양을 보고 인식하여 안으로 끌어들여서 나의 기호에 맞게 좋고 나쁘다고 판단하고, 좋기 때문에 취하고 나쁘기 때문에 버리고 하는 판단을 일으키는데, 이것이 집과 착으로 인해 대상을 보는 인식을 혼돈하게 만듭니다. 오진을 일으킵니다. 꿈 속에서 꿈의 현상들을 없는 것으로 제대로 인식하지 못하고 마치 있는 것처럼 의식하는 것이 마음이 하는 일입니다.

눈으로 보는 모습이든 들리는 소리든, 맛이든, 피부에 오는 촉감이든, 어떠한 느낌이든 모든 대상을 내 마음이 그렇게 인식하면서 좋으면 취하고 싫으면 버리고 하는 이 모든 현상들은 전부 환입니다. 그런데 현상들이 환으로 보이지 않는 이유는 무시 이래로 무명의 힘에 의해서(무명의 힘이란 우리가 인식을 잘못하고 있고, 깨어 있지 못하다는 것입니다.) 궁극적으로는 없는 것인데 있다고 느끼고 있기 때문입니다. 그것은 환영입니다. 마치 마술사가 만든 것처럼, 꿈처럼, 메아리처럼 말입니다. 또한 낮에 느끼는 현상들도 궁극적으로는 꿈과 아지랑이와 같습니다. 그래서 분명히 드러나기는 하지만, 실체는 없는 것입니다.

무시 이래로 우리는 대상과 대상을 인식하는 나, 그 두 가지를 계속 익혀왔습니다. 대상과 대상을 인식하는 나 둘 다 존재하지 않는 그 자리에서 벗어나 있기 때문에 계속 그것들을 인식하는 습기에 의해서 눈에 보이고 감각으로 느껴지는 모든 것들이 존재한다고 느낄 뿐이지 그것의 궁극적인 실체는 실집[8] 實執(བདེན་འཛིན་ 덴둡)할 것이 없습니다. 마음의 근본 모습은 실집할 것이 없는 것이지만 무시 이래로 끊임없이 익혀온 나와 대상을 인식해왔던 힘 때문에 우리는 환영 속에서 계속 흔들리고 있는 것입니다.

마음의 근본 모습은 드러나 있습니다. 모든 것을 다 인식하고 선명하게 알고 있으며 판단하고 있는 근본 모습은 빛입니다. 정광명이라고도 표현합니다. 소소영영한 부분은 지혜, 광명, 법신이라고도 하고 또한 대수인, 마하무드라라고도 표현합니다. 마하무드라(마하무드라는 근본의 마하무드라, 과정의 마하무드라, 결과의 마하무드라가 있습니다.) 중에서도 근본의 마하무드라라고 표현될 수 있습니다. 그러한 마음의 근본은 공성입니다.

마음의 모습은 드러나지만 둘이 아닌 상태이며, 드러나는 현상이 공을 가리지 않고 공이 드러나는 현상에 의해 가려지지 않습니다. 그러나 마음이 드러나 있기 때문에 있다고 생각해서 찾으려 하면 아무리 찾아보아도 없고, '이것이 마음이다.'라고

---

8) 아와 법 등이 실제로 있다고 믿는 의식

손가락으로 집는다든지 손에 쥐고 꺼내려고 하면 있는 것이 아닙니다. 마음이 없다고 본다면 우리는 분명히 그것을 쓰고 있는 이러한 두 변이 있습니다. 분명히 드러나되 얻을 것이 없는 그 둘이 하나인 모습, 그것이 마음입니다.

마음의 근본 모습 중에서 '똥뻬차(སྟོང་པའི་ཆ)'는 비어있는 부분입니다. '있다, 없다'의 한 변에 치우치는 것은 마음의 온전한 모습이 아닙니다. 마음은 색즉시공, 공즉시색입니다. 그래서 마음의 비어있는 부분을 여래장, 불성, 법신, 소소영영한 지각, 묘지妙知 등 여러 이름들로 표현할 수 있지만 결국은 하나입니다. 소소영영한 묘지, 이것은 무시 이래로 각각의 마음에 존재합니다.

깨치는 그 자리가 궁극적으로 결과의 대수인이고, 수행을 해나가는 것이 과정의 대수인이며, 닦아야 할 근본 모습이 근본의 대수인입니다. 근본의 대수인은 밖에 있는 것이 아니라 지금 내가 존재하고 있는 이 순간, 이 모습 그대로 존재합니다. 내 마음의 근본 모습, 조작되지 않은 그 모습 그대로가 대수인입니다. 본래부터 영원히 존재해 왔었고 다른 데서 얻을 수 있는 것이 아닙니다. 지금 이 순간 이대로가 소소영영한 묘지 그 자체입니다.

우리 자신의 묘지, 마음 그 자체가 법신이고 아미타 부처님입니다. 근본 대수인의 상태로 보자면 근본 모습은 깨치고 깨치지 않음과는 아무 관계가 없습니다. 지혜의 본모습은 그대로 변함이 없습니다.

예를 들어 허공은 모여서 이루어진 것이 아닙니다. 그런데 우리가 알고 있는 모든 것들은 어떠한 것이든 간에 모여서 이루어진 것들입니다. 근본 본성자리가 아닌, 물질이나 마음을 쓰는 모든 자리들은 다 모여서 이루어진 것입니다. 그러나 허공은 모여서 이루어진 것이 아니기 때문에 사라지지 않습니다.

그와 마찬가지로 환영에 끄달려서, 다시 말해서 우리의 번뇌나 느낌이나 생각들, 업들에 밀려다니면서 계속 윤회계를 돈다 하더라도 우리들의 근본 마음, 근본 대수인의 자리, 근본 불성의 자리는 변함이 없고 어떠한 것에 물들거나 그릇됨이 없습니다.

우리가 윤회계에 끄달리면 근본 모습도 윤회계에 끄달릴 것 같지만 절대 그렇게 되지 않습니다. 동시에 우리가 열반에 들어 온전한 부처의 지위에 이른다 하더라도 추호도 변함이 없는 것이 우리의 본성입니다.

대수인에는 근본의 대수인, 과정의 대수인, 결과의 대수인이 있습니다. 근본의 대수인은 자성 그대로의 본모습이며, 우리가 결과적으로 얻어야 할 모습이 본래 존재하기 때문에 얻어질 수 있는 것입니다. 없는 것이 얻어지는 것이 아닙니다. 우리의 본모습은 본래 물든 적이 없고 그대로 청정한 지혜이며 묘지입니다.

우리가 좋은 일을 한다고 해서 더 좋아진다거나 악업을 짓는다고 해서 더 나빠지거나 하는 그러한 영향을 받는 자리가 아닙니다. 그대로 법신法身(ཆོས་སྐུ་ 최꾸, Sk.Dharmakaya) 그 자체입니다.

따라서 우리가 궁극적으로 체득하고자 하는 법신은 다른 데서 찾거나 얻어야 하는 것이 아니라, 내가 존재하든 존재하지 않든 본래부터 존재하는 지혜입니다. 그런 법신의 자리, 우리 본연의 모습은 우리가 따로 공덕을 쌓아야 되는 자리도 아니고, 악업을 버리고 무언가 없애야 될 자리도 아닌, 쌓아야 할 것과 버려야 할 것을 다 떠나 있는 본래 그대로 완벽한 것입니다.

핵심적으로 법신은 부처님의 삼신(부처님의 삼신은 우리들의 마음을 또 다른 모습으로 표현해 놓은 것입니다.) 중에서 보신과 화신으로 드러납니다. 우리 마음의 본모습은 비어있음과 모든 것을 실지로 또렷하게 아는 소소영영한 묘지의 두 측면이 합일되어 있는 하나의 모습으로 영원히 움직이고 있는 것입니다.

그리고 법신이 드러나서 지혜가 소소영영하게 드러난 부분을 보신과 화신으로 표현합니다. 보신과 화신, 즉 소소영영한 묘지가 드러나게 만드는 기본이 법신입니다. 그러한 법신은 마음, 본모습 그 자체입니다.

마음의 본모습은 무시 이래로 본래 맑고 깨끗합니다. 번뇌와 습기가 물들지 않는 자리이며, 물들 수 없는 자리입니다. 그 외에 다른 모습을 찾을 필요가 없습니다. 찾아지는 것도 아닙니다. 즉, 정토 등 어떠한 맑고 깨끗한 다른 것을 요구할 필요가 없습니다.

법신은 아미타불 그 자체입니다. 내 마음의 근본 모습, 근본 상황, 온 우주의 가장 근원적인 본래의 모습이 법신이고 아미타 부처님이므로, 우리 그대로가 바로 아미타 부처님이라고 하는 것이 근본 대수인입니다.

마음의 근본인 비어있는 측면이 법신 아미타 부처님이고, 근본의 비어있음 그 자체는 본질 그대로 지혜입니다. 지혜라고 하는 것은 우리 근본 모습의 묘지의 측면, 드러나는 측면이고 에너지가 현현하는 측면입니다. 아까 허공에 대해 말씀드렸지만 허공은 묘지가 없고 그냥 비어있음이 존재할 뿐입니다. 허공처럼 활발한 지혜가 없는 것이 아니라, 모든 것을 다 인식하고 너무나 미세하고 또렷하게 아는 측면이 바로 우리 마음의 보신입니다.

|སེམས་རང་བཞིན་འོད་དུ་གསལ་བ་དེ།
쎔랑신외두쌀와데

마음의 본성품이 빛으로 선명할 때

|སེམས་ལོངས་སྐུ་ཐུགས་རྗེ་ཆེན་པོ་ཡིན།
쎔롱꾸툭제첸뽀인

그 마음은 보신 관세음이시며

법신에서 보신이 일어나는 것처럼, 우리들의 머리로 생각할 수 있는 그런 측면이 아닌 정말로 어떠한 한 번뇌도 일으키지 않는 물들지 않는 본모습, 비어있음에서 보신이 일어납니다. 그것이 바로 대자비입니다.

대자비라고 말씀하신 것을 우리는 관세음보살님이라고 표현할 수 있습니다. 관세음보살님을 어떠한 모양이나 실체로 인식할 수도 있지만(물론 드러나실 때는 모양으로 드러나시겠지만) 대자비의 에너지 그 자체가 관음입니다. 그러한 대자비의 에너지에서 또 다른 화신이 일어납니다.

།སེམས་རྣམ་རྟོག་ཅི་ཡང་འཁྲོ་བ་དེ།

쎔남똑찌양토와데

마음에 퍼져 나오는 어떠한 생각이든

།སེམས་སྤྲུལ་སྐུ་པདྨ་འབྱུང་གནས་ཡིན།

쎔뚤꾸뻬마줌내인

그 마음은 화신 연화생 대사이시다.

어떤 번뇌가 일어나든지 간에 번뇌 그 자체가 그대로 지혜입니다. 번뇌, 생각, 분별, 판단이 일어날 때 그것의 근원에 가만히 깨어 있고 그에 대한 어떠한 집착이나 욕망이 붙지 않게 되면 그 자체가 그대로 지혜입니다.

굳이 번뇌와 생각과 분별을 막아야 하고, 찾아야 할 지혜가 있는 것이 아닙니다. 문수나 보현, 관음 등 많은 본존들이 존재하지만 그분들 역시 다 한 지혜의 현현입니다. 그분들이 지혜의 현현일 수 있는 것은 번뇌 그 자체가 문수, 보현, 관음이기 때문입니다. 번뇌를 떠나서 그분들을 찾는다면 그것은 맞지 않습니다. 번뇌 그 자체가 문수, 보현, 관음이라고 인식할 수 있는 마음이 필요합니다. 궁극적으로 우리가 일으키는 어떠한 생각도 다 연화생 대사, 파드마삼바바라고 하는 것이 진리입니다.

세상이 천재지변이나 전쟁으로 싹 사라지면 사라지고 난 자리에 무엇이 남나요? 허공이 남습니다. 세상이 다 사라진다 해도 허공이 남습니다. 그와 마찬가지로 근본의 대수인 자리는 근본적으로 본래부터 청정했던 우리의 본모습입니다.

대수인을 세 가지 측면에서 잘 인식해야 합니다. 근본의 대수인, 과정의 대수인, 결과의 대수인을 인식해야 합니다. 우리가 지금 수행을 하는 것은 과정의 대수인입니다. 과정의 대수인은 근본의 대수인, 즉 청정하고 물들 수 없고 사라지지도 않는 그러한 근본적인 자리를 항상 인식하는 것입니다. 과정의 대수인의 측면에서 볼 때, 수행의 과정에서 근본의 대수인, 원만, 근원적인 불성, 공성의 측면을 인식하고 있으면 그것이 바로 법신의 자리입니다.

그러나 근본의 대수인을 인식하지 못하고 있을 때 일어나는 모든 생각들은 번뇌입니다. 근본의 대수인을 인식하고 있는 과정의 대수인은 바로 열반이 되는 것이고, 근본 모습을 인식하지 못하고 있는 순간들은 윤회에 들게 되는 것입니다. 궁극적으로 윤회와 열반은 지금 내가 근본의 대수인을 인식하고 있는가, 인식하지 못하고 있는가에 달려 있습니다.

|སེམས་དུག་ལྔའི་རྟོག་པ་ཅི་་ཤར་ཡང་|
쎔둑애똑빠찌쌀양

오독의 분별, 무엇이 일어나더라도

|ངོ་ཤེས་ན་རྒྱལ་བ་རིགས་ལྔ་ཡིན|
오쎄나쟐와릭아인

근원을 인식한다면 오방부처님이시다.

탐심, 진심, 치심, 자만심, 질투심 어떠한 것이 일어난다 해도 우리가 그 근원에서 깨어 있게 된다면 그것이 바로 오방부처님이고, 오지혜입니다. 어떤 번뇌나 생각들이 일어날 때 그 근원을 모르고 있다면 그 때문에 윤회계에 얽히고 묶이게 됩니다. 그리고 그때 일어나는 번뇌와 생각들은 탐심, 진심, 치심, 자만심, 질투심이며 허물이 되는 것입니다.

그러나 그 근원을 보고 있다면 그것은 그대로 지혜가 됩니다. "번뇌, 그 자체가 그대로 지혜다."라는 것에 대해 확실한 인식이 들어서야 할 것입니다. 번뇌를 따로 버리는 것이 아니라,

그 근원을 알고 있는 지혜로 쓰는 것이 금강승의 지혜이고 지견입니다.

예를 들어 불이 일어나는 것을 지혜로 본다면, 나무가 많으면 많을수록 불은 계속 커지고 맑아지고 뜨겁게 타오릅니다. 즉 번뇌가 많으면 많을수록 지혜가 크게 현현하는 것이라고 인식하고 그렇게 쓰라는 것입니다. 결론적으로 번뇌와 분별이 많다 하더라도 그것을 근원의 자리에서 쓴다면 그것이 바로 오지혜이고 오방부처님입니다.

우리들이 일으키고 있는 탐심, 진심, 치심, 자만심, 질투심과 같은 마음들이 본래 있는 것이라면 그것이 어떻게 지혜가 될 수 있겠습니까? 본래 없기 때문에 지혜로 바뀔 수 있는 것입니다. 윤회계의 법들은 모두 모여서 이루어진 것입니다. 우리가 일으키는 물질, 번뇌, 생각이나 인식할 수 있는 모든 것들은 모여서 이루어져 있습니다. 모여서 이루어진 것이기 때문에 그 한 가지 한 가지가 다 사라지고 나면 실체가 없습니다. 언제나 영구불변하는 무엇이라고 하는 것이 하나도 없습니다.

이 모든 번뇌, 오독이 "본래 실집할 수 있는 것, 온전히 항상 그것이다."라는 것을 '덴둡(འདེན་གྲུབ་ 실집)'이라고 합니다. 하지만 영구불변하고 고정된 것은 하나도 없고, 본질은 본래부터 청정하기에 일어나는 어떠한 것도 그대로 근본 대수인이며, 그렇기 때문에 오지혜가 될 수 있습니다. 따라서 우리가 일으키는 탐심, 진심, 치심, 자만심, 질투심이 바로 성소작지成所作智, 묘관찰지妙觀察智, 평등성지平等性智, 대원경지大圓鏡智, 법계체성지法界體性智라고 하는 것입니다.

그렇기 때문에 우리가 이를 확실히 인식할 수 있다면, 암이 아닌데 암이라고 인식하거나 그 사람이 나를 사랑하는데 나를 미워한다고 생각하는 것과 같은 마음, 잘못 인식하고 오해하고 오진하는 모든 환영과 두려움, 고통에서 벗어날 수 있고 해탈할 수 있습니다.

'환영'과 '해탈'이라고 하는 두 단어를 생각해 봅시다. 여러분은 환영이 무엇이라고 느끼십니까? 우리가 느끼고 눈으로 보는 모든 것들이 환영입니다. 그렇지 않은 상태를 해탈이라고 표현합니다. 그렇다면 환영이라는 것은 잘못 인식하고 착각을 일으키고 있는 것인데, 착각을 일으키는 지점이 바로 윤회입니다. 그리고 윤회에서 벗어나 있는 지점, 즉 착각을 일으키지 않고 있는 지점은 열반입니다.

예를 들어 물이 있는데 그 물에 찬 기운을 계속 넣으면 그 물은 얼음이 됩니다. 마찬가지로 우리들의 대수인의 마음, 본래 청정하고 맑은 그 마음을 무지의 습기가 계속 감싸게 되면 우리는 환영을 일으킵니다. 이 환영을 '딱바덴바(ཐག་པ་བདེན་པ་)'라고 하는데, 영원하고 분명히 있다고 생각하는 마음을 우리는 아주 철통같이 믿고 있습니다.

물이든 얼음이든 근본이 물인 성품은 변함이 없듯이 우리가 환영에 물들어 있든 물들어 있지 않든 간에 우리들 본연의 맑고 청정한 마음은 변할 수 없습니다. 우리들의 근본적으로 청정한 마음에서 잘못 인식하며 착각을 일으키고 있는 것이 무지의 습기(청정한 마음 그 자체에 깨어 있지 못하는 것, 그래서 물질과 두 변에 자꾸 집착하는 습관)입니다.

그 습기가 근본 모습을 계속 감싸다 보니까 우리에게 그러한 이면에 집착하는 습관이 생깁니다. 이것 아니면 저것으로, 또는 확실하게 있고 영구불변하는 것으로, 저것은 그것이라고 생각하는 습관을 불러일으키고 있는 이 상태는 열반이나 해탈이 아닌 윤회입니다. 이는 착오되어 있는 상태입니다.

해탈의 상태는 얼음이 따뜻한 태양에 녹아 물이 되는 것과 같습니다. 우리가 우리의 근본 모습에 계속 깨어 있게 되면 해탈을 얻게 됩니다. 근본 모습은 같은데 드러나는 모습은 다릅니다. 물과 얼음은 H_2O로 똑같지만, 물의 상태에 있을 때는 부드럽고 유연성이 많고 얼음의 상태에 있을 때는 굉장히 딱딱합니다.

그런 것처럼 우리들은 무명의 힘, 즉 무명으로 계속 움직여 온 그 습기에 의해서 윤회계의 모든 법을 '모두 있다', '영원하다'고 인식합니다. 그것을 인식하고 있는 자리에서 잘못 인식하고 있는 모습의 근원을 바라보게 된다면 해탈을 하게 됩니다.

결국 오독, 번뇌의 근원을 모르고 있으면 얼음처럼 있다고 집착하게 되고, 알고 있으면 얼음이 녹듯이 지혜의 본질로 녹아들어가게 됩니다. 탐심, 진심, 치심, 자만심, 질투심이 일어나면 그냥 그 근본 모습이 지혜인 것을 알고 그대로 해탈시킬 일이지, 거기에 다른 대치법을 써서 해탈시킬 필요가 없습니다.

།སེམས་གསལ་ན་གསལ་བའི་ངོ་བོར་ལྟོས།

쎔쌀나쌀비오올뙤

마음이 일어나면 일어나는 근원을 살피라

།གསལ་སྟོང་ཕྱག་རྒྱ་ཆེན་པོ་ཡིན།

쌀똥챡쟈첸뽀인

현공顯空의 대수인이다.

'현'은 현현하는 것, '공'은 비어있는 것을 말합니다. 드러나는 모습이 있기 때문에 그것이 비어있는 부분을 막는 것처럼 보이지만 '또렷이 드러나되 비어있음', 그것이 하나로 존재하는 것이 현공불이의 대수인입니다.

།སེམས་བདེ་ན་བདེ་བའི་ངོ་བོར་ལྟོས།

쎔데나데비오올뙤

마음이 편안하면 편안한 근원을 보아라

།བདེ་སྟོང་རྫོགས་པ་ཆེན་པོ་ཡིན།

데똥족빠첸뽀인

락공樂空의 대원만이다.

마음이 편안할 때 편안하게 느끼고 있는 그 근본 모습을 보게 되면 행복이 일어난다고 합니다. 보통 우리가 느끼고 있는 행복은 변하는 행복입니다. 그래서 마음이 평온하고 행복할 때 그것의 근원을 보라고 합니다. 그 근원에는 변화가 없는 행복이 존재합니다. 변함이 없고, 사라지지 않고, 떨어지지 않는 행복의 근원을 보면 '비어있음'입니다. 락공불이의 대원만이 그 자리이고 그 근본 모습입니다.

|སེམས་སྟོང་ན་སྟོང་པའི་རང་ཞལ་ལྟོས།
쎔똥나똥뻬랑샬뙤

마음이 비었으면 공의 본 면목을 볼지니

|རིག་སྟོང་དབུ་མ་ཆེན་པོ་ཡིན།
릭똥우마첸뽀인

각공覺空의 대중론이다.

대수인, 대원만, 대중론은 현공불이의 대수인, 락공불이의 대원만, 각공불이의 대중론大中論이라고 표현됩니다. 현공불이든, 락공불이든, 각공불이든 그것은 다 마음의 모습을 표현해 놓은 것일 뿐입니다.

|སེམས་སྐྲག་ན་སྐྲག་མཁན་རོ་བོར་ལྟོས།
쎔딱나딱캔오올뙤

마음이 두려우면 두려워하고 있는 이의 근원을 볼지니

།དེ་དག་ཆོས་བདུད་ཀྱི་གཅོད་ཡུལ་ཡིན།

데담최뒤찌쬐율인

그것이 성법으로 마구니를 잘라 없애는 것이다.

마음에 두려움이 일어날 때는 두려움이 일어나고 있는 그 근원을 보아야 합니다. 경험을 많이 해보시고 수행을 해보신 분들은 알 수 있으실 겁니다. 그러나 수행의 습관이 잘 안 되어 있는 경우에는 이렇게 마음이 두려울 때 두려움에 끌려가고 그것의 근원을 보지 못하게 됩니다. 하지만 계속 보는 습관을 가지게 되면 두려워하는 근원이 본래 존재하는 것이 아니기 때문에 사라집니다.

두려움을 느끼고 있는 마음이 어디에 있는지 두려움이라고 하는 뭉뚱그려져 있는 그 느낌을 쫓아가서 속지 말고 깊이 들어가 보십시오. 그 두려움에 깊이 들어가 보고 살펴보십시오. 낱낱이 한 번 분석해 보십시오. 그렇게 하면 얻어낼 것, 손에 잡히는 것이 없습니다. 왜냐하면 마음은 비어있기 때문입니다. 그렇게 지켜보는 그 자체가 성법聖法이기 때문에, 이것이 그대로 우리의 모든 두려움과 장애를 없애는 것이 됩니다.

예를 들어 쬐수행 같은 경우를 봅시다. 우리의 오온에 근거하고 있는 아집을 없애는 것이 쬐수행인데, 이 수행을 하기 위해 화장터와 같이 귀신이 있을 만한 곳에 가서 열심히 수행을 합니다. 그렇게 쬐수행을 할 때에도 이러한 대수인의 가르침을 마음에 가지고 수행을 한다면 그것은 성법으로 모든 두려움을 없애는 방법이 됩니다.

|སེམས་དངོས་པོ་ཙེ་ཡང་མ་མཐོང་ན།
쎔외뽀찌양마통나

＼＼＼＼＼＼＼＼＼＼＼＼＼＼마음이란 물질을 조금도 찾을 수 없다면

|སེམས་སྟོང་ཉིད་ཤེས་རབ་པར་ཕྱིན་ཡིན།
쎔똥니쎼랍팔친인

＼＼＼＼＼＼＼＼＼＼＼＼마음의 공성, 그것이 지혜바라밀이다.

마음을 잘 살펴보면 "마음이 일어남이 없다."라는 말이 이해가 잘 안 됩니다. 우리는 항상 마음이 일어난다고 느끼기 때문입니다. 그러나 일어나고 있는 마음을 잘 살펴보면 일어나는 바가 없다는 것을 알 수 있습니다. 마음은 일어나는 바가 없고 머무는 바도 없고, 일어나는 바가 없으니 사라지는 바도 없는, 즉 생·주·멸이 없다는 것입니다. 그러한 모든 면을 다 떠나 있는, 사라짐이 없는 그 자체, 비어있음 그 자체가 공성의 지혜바라밀입니다.

|ཁྱེད་འགྲོ་ཞིང་འདུག་ཅིང་སེམས་ལ་ལྟོས།
체도싱둑찡쎔라뙤

＼＼＼＼＼＼＼＼＼＼＼＼그대여 가고 머물 때 마음을 보라

།འགྲོ་འདུག་དོན་དམ་གྱི་བསྐོར་བ་ཡིན།

도둑돈담지꼴와인

　　　　　　　　가고 머묾이 진제의 꼴와이다.

'꼴와(བསྐོར་བ་)'는 스승님 주위나 탑, 절 등을 돌면서 예경을 하고 진언 등의 수행을 하는 것입니다. 우리는 보통 수행을 하고 있는 상태와 수행을 하지 않고 일상적인 행위를 하는 두 가지의 상태로 나눌 수 있습니다.

　수행을 하고 있는 상태는 우리들의 자성, 근본 모습, 본연의 맑은 모습에 마음을 머물려고 애를 쓰고 있는 상태이고, 그 외에는 행주좌와行住坐臥, 어묵동정語默動靜[9]이 됩니다. 그러한 어떤 상태에서도 행동하고 있는 근본 모습을 바라보고 있다면 그것은 진제의 참된 성지순례입니다.

།བཟའ་ཞིང་བཏུང་ཞིང་སེམས་ལ་ལྟོས།

사싱뚱싱쎔라뙤

　　　　　　　　먹고 마시면서 마음을 볼지니

།བཟའ་བཏུང་ཟག་མེད་ཀྱི་ཚོགས་འཁོར་ཡིན།

사뚱삭메찌촉콜인

　　　　　　　　먹고 마심이 새지 않는 무루의 공양륜이다.

---

9) 걷고, 머물고, 앉아있거나 누워있을 때, 말하고, 침묵하고, 움직이거나 가만히 있을 때, 즉 일상생활의 모든 순간 순간을 말한다. 이 모든 것이 선禪이 아닌 것이 없다, 생활 속에서 최선을 다하는 것이 선이라는 뜻으로 말할 때 사용한다.

먹고 마실 때 우리가 과정의 대수인을 하고 있다면, 즉 먹고 마시면서도 그 근본 마음을 계속 보고 있다면 그것은 근본의 대수인이 됩니다. 청정하고 맑고 본연의 물들지 않는 그 자리를 계속 보고 있다면 그것은 진정한 공양륜供養輪이 됩니다. 공양 올리는 사람, 공양 받으시는 분, 공양물 세 가지의 구분이 없는 청정한 공양륜이 되는 것입니다.

།ཁྱེད་ཉུལ་ཞིང་གཉིད་ཅིང་སེམས་ལ་ལྟོས།

체냘싱니찡쎔라뙤

                  그대여 눕거나 잘 때 마음을 보라

།གཉིད་འོད་གསལ་ཟིན་པའི་གདམས་ངག་ཡིན།

니외쌀신삐담악인

                  수면 광명을 인식하는 구결이다.

자거나 누울 때나 항상 마음을 보고 있다면 그것이 정광명을 인식하는 비결, 구결입니다.

།ཁྱེད་ཟབ་མོའི་བསྙེན་སྒྲུབ་བྱེད་པའི་དུས།

체삽뫼녠둡제삐뒤

              그대여 심오한 진언수행을 행하는 때에

།དོན་ཟབ་མོ་རང་གི་སེམས་ལ་བལྟོས།
돈삽모랑기쎔라뙤

심오한 의미인 자심을 볼지니

།བདུད་བར་ཆད་བཟློག་ན་དེ་ཡིས་བཟློག
뒤발채독나데이독

마구니의 장애를 막는다면 그것으로 막을 것이며

이담은 우리가 완전한 성취를 이루기까지 성취를 이끌어주시고 지켜주시는 본존을 말합니다. 본존에는 분노존들, 실제로 야만타까 같은 그런 본존들이 있습니다. 그러한 본존 수행을 할 때에도 내 마음의 근본 모습을 인식하는 수행이 갖추어져 있다면, 굳이 분노존의 모습인 본존 수행을 하지 않고 특별히 뛰어난 선정의 힘이 있지 않더라도 우리 근본 모습을 계속 인식하는 그것 또한 모든 장애를 없애는 방법입니다.

།དུས་ད་ལྟ་འཕྲལ་དུ་གང་ཤར་ཡང་།
뒤다따탈두강댄양

그때 그때 일시적인 어떠한 생각들에도

།ཕུགས་སྒོམ་ཡུན་ཞི་དང་མཚམས་པར་གྱིས།
푹곰윤씨당냠빨지

결국 오랜 수행이 죽음까지 이어지길

|མི་མང་པོའི་གཏམ་དང་ལྟད་མོ་དང་།

미망뾔땀당때모당

　　　　　많은 사람과 함께 이야기나 구경하는

|སེམས་བསྐུ་བའི་བྱ་བ་གང་སྒྲུབ་ཀྱང་།

쎔루비쟈와강둡쨩

　　　　　마음을 빼앗길 일 어떠한 것을 하더라도

|དེར་ཡེངས་པའི་དབང་དུ་མ་སོང་ན།

델옝뻬왕두마쏭와

　　　　　그것들에 산만하게 이끌리지 않는다면

|སྒོམ་ཟབ་མོ་གནད་ཀྱི་ཉམས་ལེན་ཡིན།

곰삽모내찌냠렌인

　　　　　심오한 수행의 요체를 닦는 것이니

　어떤 번뇌가 일어날지 우리는 알 수 없습니다. 우리는 번뇌를 조절할 방법이 별로 없습니다. 그러나 어떠한 번뇌가 일어난다 하더라도 이 생이 오롯이 수행이 되도록 하는 것이 굉장히 중요합니다. 우리가 남들과 대화를 하고 재미있는 이야기에 마음을 뺏기거나 여러 가지 구경을 하더라도 마음이 거기에만 푹 빠진 채로 산만해 있지 않고 그 근본 모습을 보고 있다면 이 또한 우리가 심오한 수행을 닦는 요체가 됩니다.

༄།དེ་མ་བརྗེད་ཏུ་རེ་རྔན་པར་གྱིས།

데마제뚜레댄빨지

이를 잊지 말고 순간 순간 인식할 것이다.

༄།རྔན་ཐོག་ནས་རང་ཚོ་ཐུབ་པར་མཛོད།

댄톡내랑초툽빨죄

이 인식 위에 주체성이 확립되어

༄།དེར་ཡང་ཡང་རང་དབང་འདུས་པ་ཡི།

델양양랑왕뒤빠이

이것에 거듭거듭 자유자재해지도록

༄།སྒོམ་རྣམས་ཞེན་འདིས་གོམས་རེད་པར་གྱིས།

곰남렌디곰레빨지

이 수행을 익혀 숙련시켜야 한다.

༄།དོན་དེ་ལ་གོམས་ཡུན་རིང་བ་ན།

돈데라곰윤링와나

그 상황에 순숙해짐이 오래되면

༄།སྒོམ་ཐུན་མཚམས་འབོར་ཡུག་རྒྱུན་ཆད་མེད།

곰툰참콜육쥰채메

수행 때와 쉬는 때의 흐름이 끊임없이

༄།ཆུ་བོའི་གཞུང་འདྲ་བ་རྒྱུན་ཏུ་འབྱུང་བའི་རྟེན་འབྲེལ་ཡིན།

추뵈슝다와쥰두쥼비뗀델인

큰 강줄기처럼 항상하는 연기緣起(인因이 된다)이다.

|གཞི་བསྟན་འབེལ་གྱི་སྐྱེས་མཆོག་ཁམས་པ་ངག་དབང་ཀུན་དགའ་བསྟན་འཛིན་དགེ་ལེགས་དཔལ་བཟང་པོའི་
ཞལ་གདམས་གསེར་ཞུན་མ་འདྲ་བ་སེར་སྐྱ་པོ་མོ་སྐྱལ་པ་དང་སྐྱེན་པ་རྣམས་ལ་གདམས་པའོ།། ||

깔마땐펠의 환생의 환생 캄빠 아왕 꾼가땐진 겔렉빨상뽀의

순금과 같은 구결을 스님들과 선근 복덕의 선 남자, 선 여인에게 전수합니다.

잊지 말아야 합니다. 무엇을 해야 할지 잊지 말아야 합니다. 그냥 수행을 하는 것이 아니라 곰삭아져야 합니다. 우리들의 잘못된 습기가 곰삭아져 착 달라붙어 있듯이, 거듭거듭 익히고 익혀서 자성, 근본 대수인을 보는 과정의 수행이 곰삭아져야 합니다. 그렇게 곰삭아지다 보면 결국은 우리들 마음에 대수인이 무엇인가 하는 깨침이 일어나게 됩니다.

따라서 대수인에 대한 수행을 할 때와 일상적인 생활이 하나가 되도록 하십시오. 수행과 수행이 아닌 시간이 둘이 아니도록 해야 합니다. 가끔은 굉장히 열심히 하고 가끔은 아무 것도 안 하는 등 그렇게 게으르게 하지 말고, 강물이 유유히 흘러가듯이 습관이 익어져서 둘이 아닌 하나가 되게끔 해야 합니다.

제1대 캄뚤 린뽀체 깔마땐뺄의 환생자이신 제3대 캄뚤 린뽀체 아왕 꾼가땐진께서 이러한 순금과 같은 구결을 스님들과 선근 복덕이 있는 여러분들께 전수하셨습니다. 이러한 수행을 잊지 마시고 마음에 새기면서 다같이 회향을 하겠습니다.

2. 2018년 마하무드라 법문

2018년 4월 15일 캄따시링 법당

은혜로운 스승 캄뚤 린뽀체

TREASURE VASE
Treasure and wealth

가. 수행의 동기, 보리심

어른들은 법을 설하시고 우리들은 법을 듣습니다. 이 모든 것은 다 선업입니다. 그러나 설하고 듣고 하는 이 선업이 진정으로 여법한 선업이 될 수 있게 만드는 기준점은 법을 듣는 동기가 무엇인가 하는 것, 즉 법을 듣는 목적에 달려 있습니다.

우리들이 일으키는 생각은 크게 선업, 악업, 무기업 세 가지로 나누어지는데, 무기업의 상태(생각 없이 선도 악도 아닌 상태)에서 법을 들으면 선도 악도 아닌 것이 되고, 선한 마음과 동기로 법을 듣고 설하게 되면 선업이 되며, 불선업의 마음으로 들으면 악업이 됩니다.

일체 중생을 위한 보리심, 성불을 원하는 보리심이 아니라

'내가 잘 듣고 내가 잘 됐으면 좋겠다, 무언가를 알고 싶다'는 마음만으로 법을 들으면 소승의 동기로 듣는 것이기 때문에 소승의 영역에 속하게 되며, 모든 중생들을 위해서 들으면 대승의 결과를 얻게 됩니다.

여러 가지 상황이 있는데 그 중에서 어떤 마음을 선택하느냐에 달려 있습니다. 티벳어로 동기動機를 '꾼롱(ཀུན་སློང་)'이라고 표현하는데, '꾼(ཀུན་)'은 '전부', '롱(སློང་)'은 '세우다, 일으키다'라는 뜻입니다. 즉, 우리 마음 속에 분별, 번뇌, 생각들이 굉장히 많이 일어난다는 뜻입니다. 그러나 그 수많은 생각들이 다 행위로 이어지고 업이 되지는 않습니다. 그 중에 강한 번뇌가 행위와 업으로 가게 됩니다.

우리는 지금 대승의 수행자이고, 대승의 영역에서 대승의 길로 들어가고 있는 사람들입니다. 그렇기 때문에 법을 듣고 불과를 이루기 위해서는 일체 중생을 위한다는 보리심의 동기를 가지고 법을 들어야 합니다. 법을 들으면서 그 법이 진정한 법, 진정한 대승의 법이 되게 해야 합니다. 참된 불과, 일체지를 이룰 수 있는 법으로 가게 하려면 반드시 보리심이 바탕이 되어야 합니다. 그런데 지금 우리들 마음 속에 보리심이 있는지 없는지 살펴보면, 실제로 우리 마음 속에 보리심이 있다고 말하기는 좀 어렵습니다. 따라서 우리는 애를 써서 보리심을 일으켜내야 합니다.

적천보살寂天菩薩(ཞི་བ་ལྷ་ 시바하, Sk. Shantideva)께서 말씀하시기를, "익히면 어떠한 일도 이루지 못할 것이 없다."고 하셨습니다. 무시 이래로 우리들은 수많은 번뇌에 익어져 있습니다. 우리들은 아주 자연스럽게 번뇌의 힘과 습기에 의해 밀려다니고 있습니다. 그러나 보리심을 거듭거듭 익혀가게 된다면 보리심 역시 저절로 일어날 수 있습니다. 따라서 우리는 보리심, 공성이라는 부분을 거듭거듭 익혀 나가야 합니다. 우리들의 본성, 본마음, 자성은 무시 이래로 완벽한 법, 완벽한 지, 그 자체입니다.

예를 들어 우유에서 버터를 만드는 과정을 살펴보면, 어떤 우유라 해도 그 속에는 지방이 녹아 있습니다. 그런데 그 지방을 꺼내려면 우유를 계속 저어주어야 합니다. 그러면 차츰차츰 지방끼리 뭉쳐서 올라와 지방덩어리(버터)가 되는 것을 볼 수 있습니다. 그런 것처럼 우리들 마음 자체는 본래 공성이고 자애와 연민입니다. 본래 생긴 모습이 보리심입니다. 그렇기 때문에 우리에게 보리심, 자애, 연민이 뭉쳐서 공성이 드러날 수 있도록 애를 쓰고 노력하면, 우리에게 번뇌가 늘 현존하는 것처럼 보리심 또한 늘 현존할 수 있습니다.

그렇게 된 다음에 순수한 동기로 법을 들음에 있어서, 그 법이 더욱 더 진정한 법의 측면으로 가야 합니다. 세간의 법은 이생에 잘 살고 이생이 잘 되게 하는 것이 핵심이고, 불법은 내생

來生을 바라보는 마음이 핵심입니다. 그래서 우리가 이야기하는 법과 세간의 법은 가는 길이 약간 다릅니다.

법이 법답게 가기 위해서는 '세간의 모든 상태는 진정한 의미가 없다, 실체가 없다'는 것을 인식하는 염리심厭離心이 필요합니다. 염리심을 가진 다음에, '인신보배', '제행무상', '인과응보', 그리고 '윤회개고'를 계속 사유해야 합니다. 염리심이 기본으로 되어 있지 않으면 법을 수행한다고 해도 세간의 법을 닦는 것이 되어 법이 법답게 되지 못합니다. 법을 수행하는 것은 진정 온전한 해탈과 행복, 일체종지一切種智를 위함인데, 염리심이 없으면 세간의 여러 가지 욕심을 추구하는 쪽으로 가게 됩니다. 염리심이 바탕이 되지 않은 상태에서 본수행을 하게 되면, 대수인의 공력을 우리 마음에서 일으켜 낼 수 없습니다. 그렇기 때문에 염리심의 마음이 일어나도록 항상 발원해야 합니다.

법을 수행하면서도 '랑돈(རང་དོན་ 자신의 이익)' 즉 자기 자신 위주로 수행을 하면 아라한의 경지는 될 수 있겠지만 부처의 경지에 가기는 어렵습니다. 아무리 측량하려 해도 측량하기 어려운 헤아릴 수 없는 무한한 모든 중생들을 위하는 마음으로 법을 지향하고 행해야 합니다.

모든 중생들은 스스로 자제할 힘이 없이 자신이 어떻게 하지 못하는 무시 이래로 지어오고 쌓아온 업과 번뇌에 끄달리고 밀려다닙니다. 대부분의 중생들은 그들이 원하는 대로가 아니라 무시 이래로 쌓아온 업과 번뇌에 의해 움직이기 때문에 굉장히 안타깝고 불쌍하고 측은합니다. 따라서 서로가 그러한 입장이라는 것을 잘 이해해야 합니다. 그러한 입장에 있는 모든 분들이 사실은 다 내 어머니입니다. 우리는 어떤 측면이든 그분들과 다 인연을 가지고 있습니다. 수많은 윤회를 해왔기 때문에 모든 중생은 나의 어머니일 수밖에 없습니다. 잘 살펴보면 모든 중생은 나와 어떤 식으로든지 인연이 되어 있습니다. 내 자신과 똑같은 모든 분들이 고통 속에 있는 것입니다. 왜냐하면 원하는 것은 행복인데 행복을 얻기 위해서 무엇을 어떻게 해야 할지 모르고 있기 때문입니다. 행복을 얻기 위해서는 선업을 쌓아야 하는데 선업을 쌓는 방법이 어떠한 것인지 잘 모르며 선업을 향해 나아간다고 생각하면서 악업만을 짓고 있습니다.

나와 모든 중생들을 끝없이 반복되는 무지와 고통 속에서 벗어나도록 하기 위해서 오늘 내가 마하무드라(대수인)의 법문을 듣는다고 생각하고 그러한 동기로 법을 들으면, 그 자체가 보리심을 갖춘 수행이 됩니다. 그렇게 법을 들으면 보리심을 갖춘 우리들이 하는 오늘의 수행은 우리가 완전한 불과를 이루는 날까지 반드시 계속 쌓여가게 되고, 그 효과는 우리들이 생각할 수 없을 만큼 커집니다. 그러한 동기로 법을 들어 주시길 바랍니다.

무문관 수행자 똑댄 스님들과 함께 계신 어린 모습의 캄뚤 린뽀체

나. 대수인 수행의 핵심

석가모니 부처님께서는 무한한 겁 동안 수많은 형식으로 공덕 자량과 지혜 자량을 쌓아 보드가야 보리수 아래에서 성불하셨습니다. 성불하셔서 미물에서부터 우주에 이르기까지 모든 우주의 실상, 미묘한 공성의 이치를 온전히 깨쳐 체득해 아셨습니다. 그렇게 깨치신 후에 그러한 완전한 깨침과 자유와 행복을 모든 중생에게 가르쳐 완벽한 일체지와 행복, 자유로 이끌기 위해서 자상하게 그리고 자세히 여러 법문을 설하셨습니다. 그것이 8만 4천 가지 법문입니다. 그러한 8만 4천 가지 법문은 두 가지로 요약할 수 있는데, 설하신 법과 수행을 익혀서 깨침입니다. 지금 제가 말씀드리려고 하는 마하무드라 가르

침은 대승의 현교에서도 여러 가지 측면으로 설하고 계시고 밀승密乘내에서도 다양한 지견과 방편으로 설명하고 계십니다.

그 중에서 마하무드라, 즉 대수인을 핵심적으로 요약해서 말씀드리면, 우리들의 마음이 조작되지 않고 꾸며지지 않은 상태는 어떤 상태, 어떤 모습인지 있는 그대로 온전히 확연하게 알게 하는 가르침입니다. 대수인의 가르침은 경전에 많이 설해져 있는데, 상·중·하의 근기에 따라서 다양하게 설해져 있습니다.

대수인이라고 표현하는 우리들의 자성自性, 본성本性, 불성佛性을 깨치지 못하면 윤회계를 방황하게 되고, 본성을 깨치면 열반을 얻습니다. 대수인이라고 표현하는 마음의 실체, 영구불변하고 항상 존재하는 그것을 깨치는 것입니다. 이것이 본수행이고 이 본수행을 해 나가는데 없어서는 안 되는 것이 있는데, 그것이 바로 예비수행입니다.

다. 대수인 예비수행

예비수행은 크게 두 가지로 나눌 수 있습니다. 일반적인 예비수행과 일반적이지 않은 예비수행입니다. 우리들의 근본 모습이 확연히 드러나고 현현하게 되는 길을 어긋나게 하고 막는 것이 있습니다. 그 요소는 바로 악업입니다. 우리들은 무시 이래로 알든 모르든 몸과 말과 마음으로 계속 악업을 짓고 있고,

우리에게는 피하기 쉽지 않은 악업들이 있는데 그 악업을 정화하지 않으면 본성이 드러날 수 없습니다. 그래서 그것을 정화하기 위해서 예비수행을 합니다.

일반적이지 않은 예비수행에는 ①귀의대배, ②금강살타 수행, ③만다라공양, ④구루요가 이 네 가지가 있습니다.

첫째, 귀의대배는 불·법·승 삼보와 세 근본께 온전히 귀의하는 것입니다. 둘째, 금강살타 수행은 그동안 쌓아왔던 악업을 정화하여 수행의 그릇을 깨끗이 하는 것입니다. 셋째, 만다라공양은, 우리의 자성과 완벽한 일체지가 드러나도록 하기 위해 필요한 것이 공덕 자량(복덕 자량)인데, 공덕 자량을 쌓지 않고는 지혜 자량이 쌓일 수 없기 때문에 이 공덕 자량을 쌓기 위해서 밀승에서 제시하는 방편입니다. 넷째, 구루요가는 굉장히 중요합니다. 스승님의 가피가 핵심적으로 들어오지 못하면 가장 중요한 깨침이 일어날 수 없습니다. 밀승은 헌신의 길, 청원의 길이라고 합니다. 헌신과 청원을 통해서 스승님의 가피가 들어옵니다. 전승조사 스님들의 가피력이 굉장히 중요하기 때문에 그분들께 헌신과 청원을 올리는 것입니다. 그리하여 나의 업장이 녹고 자량이 쌓인 위에 스승님들의 가피력이 들어오면 깨침을 얻을 것이고, 그렇게 되지 못하면 온전한 본모습 그대로의 깨침, 즉 본모습 그대로가 현현하는 것은 어렵다고 할 수 있습니다.

이러한 예비수행이 없으면 본수행이 될 수 없으며, 대수인이 드러나는 공력이 생길 수 없습니다. 예비수행을 잘해서 제대로 되었을 때 대수인이 그대로 드러나게 됩니다. 이는 마치 좋은 집을 지으려면 기초가 튼튼해야 되는 것과 같습니다.

밀승의 길은 가피의 길입니다. 가피의 길에 들어서려면 헌신이 있어야 합니다. 가슴 속에서 진정으로 일어나는 간절한 청원에 의해서 헌신과 가피가 차례대로 일어납니다. 그렇기 때문에 근본 스승님과 전승조사 스님들께 간절히 청원하는 것이 매우 중요합니다. 따라서 대수인 본수행을 할 때 까규파의 모든 스승님들께 가슴 깊은 곳에서 일말의 번뇌나 거짓됨 없이 진정 오롯하고 간절한 마음으로 청원을 해야 합니다.

수행의 차제들은 여러 가지가 있는데, 현교의 차제들보다 금강승의 차제들이 더 빠르다고 얘기합니다. 그 중에서도 대수인의 길은 매우 빠른 길이라고 할 수 있습니다. 대수인 수행의 길을 여법하게 간다면 아주 빠르게 해탈할 수 있는 공력이 생긴다고 합니다. 그러나 이는 일체 중생에게 일률적으로 적용되는 것이 아니라 그 수행을 하는 사람 각각의 근기에 달려 있습니다. 전생에 얼마나 많이 익혀 왔느냐에 따라서 결과를 빨리 볼 수도 있고 늦게 볼 수도 있습니다.

결국 대수인은 일상적인 의식이 본래 여법한 지혜임을 제대로 인식하는 것이 핵심입니다. 우리들이 어디에 있든지 무엇을 하든지 간에 우리는 마음을 쓰고 있습니다. 그렇게 쓰고 있는 그 마음의 '랑신(རང་བཞིན་)', 즉 조작되지 않은 청정한 본연의 모습, 그것을 바로 '타말지쎼빠(ཐ་མལ་གྱི་ཤེས་པ་)'라고 합니다. 즉 일반적인 의식이라고 표현하는데, 조작되지 않은 의식을 인식하는 것을 대수인이라고 할 수 있습니다. 본성을 인식한 그 자리는 도제창(རྡོ་རྗེ་འཆང་) 지금강불持金剛佛)의 지위에 오르는 길이기도 하고 그 자체이기도 합니다.

요약하자면, 우리들 본연의 조작 없는 모습 그대로를 스승님께서 인식시켜 주시는 것입니다. 스승님의 가피에 의해서 바로 깨쳐 알게 되기 때문에 금강승 대수인 수행의 길이 빠르다고 표현합니다.

일반적으로 우리가 느끼고 있는 모든 대상들인 기세간, 그 안에 유정들의 정세간, 그 모든 것들은 다 마음이 만들어낸 것입니다. 마음의 화현이고, 마음의 그림자이며, 마음이 드러낸 것이자 마음이 그린 것입니다. 그런데 그러한 것을 알지 못하고 계속 착각이 일어나는 이유는 둘이 아닌 것을 둘이 있다고 생각하며 계속 집착하기 때문입니다. 둘이고 다른 것이라고 인식하는 것은 착란이 일어나고 있는 상태입니다. '이것이다, 저것이다'라고 생각하며, 집착하고 있는 그것의 '본질은 없다(རང་བཞིན་ མེད་པ་ 랑신메빠)'라는 것을 알지 못하는 것입니다.

우리는 '이것은 이것이고, 저것은 저것이다'라고 생각할 때,

'이것은 이것인 무언가가 있고, 저것은 저것인 무언가가 있다'라고 생각합니다. '있다고 생각하는 그것'의 본질이 없음을 알게 될 때, 우리들은 진정 자유를 느낄 수 있게 됩니다. 그런데 무지의 힘에 가려져서 그것의 '본질이 없다'는 것을 알지 못하는 것입니다. 그 본성을 가리는 무명의 힘에 의해서 우리는 계속 윤회계를 돌게 됩니다.

결국 '외적인 경계에 착하고 내적인 의식에 집하는 집착 (བཟུང་བ་འཛིན་པ་ 숭와진빠)'에 의해 '본질이 어떤 것인지를 깨치는가, 깨치지 못하는가', '마음의 본모습을 깨치는가, 깨치지 못하는가' 하는 두 가지가 있을 뿐입니다. 본질을 깨치는 순간은 열반이고 대자유이며, 본질을 깨치지 못하면 계속 착란 속에서 헤매는 것입니다.

대수인이라고 표현하는 근본 모습을 깨치기 위해서는 수행의 단계들을 거쳐야 합니다. 아까 말씀드린 것처럼 염리심이 중요한데, 상대에 집착하는 마음이 줄어들어야 하고 세간팔법으로 가는 마음을 돌려놓아야 하고, 진정한 귀의를 해야 하며 보리심이 일어나야 합니다. 이것이 일반적 예비수행인 염리심과 귀의, 발보리심입니다. 그 다음으로 일반적이지 않은 예비수행들을 해야 합니다.

라. 대수인의 자세

수행을 할 때 몸을 두는 방법은 허리를 곧추세우고 몸을 바

대수인의 자세로 수행중이신 아추노장님

로 해야 합니다. 그리고 결가부좌나 반가부좌를 해야 합니다. 일체 모든 법은 그 자체가 연기이므로 몸과 마음도 연결되어 있습니다. 몸이 바르게 서면 몸에 흐르고 있는 맥이 바르게 되고, 맥이 바르게 되면 맥을 타고 있는 기가 바르게 되고, 기가 바르게 되면 기에 타고 있는 마음이 바르게 됩니다. 따라서 몸을 똑바르게 하고 곧게 앉는 것이 중요한데, 특히 대수인 수행을 할 때 여러분의 자세가 중요합니다.

비로자나 칠지좌법을 하면 좋습니다. 문수진실명경에 도제 찔뚱(རྡོ་རྗེ་དཀྱིལ་གྲུང་), 결가부좌로 인해서 불과를 이룬다고 나와 있습니다. 다리를 결가부좌로 하고 허리는 곧게 세웁니다. 손은 선정수인을 하고, 어깨도 쭉 폅니다. 눈은 한 자 정도 앞을 내다 보는데 눈을 너무 감지 말고 살짝 뜹니다. 혀는 입 천장에 살짝 붙이고, 이빨 사이는 아주 살짝 벌리는 자세를 취하는 것이 효 과적입니다.

매우 상근기인 아주 예리하신 분들은 몸을 똑바로 세우는 것만으로도 모든 산만한 기운들이 중맥으로 들어감으로 인해 서 해탈을 얻는다고 합니다. 그러나 일반적인 초보자들은 그렇 게 하기 어렵습니다. 그래서 자세를 바로 하기 위한 노력을 해 야 합니다. 선정을 익혀 나가는 것은 대수인의 깨침이 일어나 게 하기 위한 그릇을 만드는 것에 해당됩니다. 그렇기 때문에 선정이 익어질 수 있는 자세인 비로자나 칠지좌법으로 앉고 결 가부좌를 하는 것은 매우 중요합니다.

대수인을 수행함에 있어서 몸, 말, 마음을 다 조작함이 없는 자연스런 모습에 두는 것이 매우 중요합니다.

먼저 몸을 본모습대로 두어야 합니다. 결가부좌를 하면 몸 본연의 자연스러운 자세가 됩니다. 그것이 좀 어려울 때는 보 살님들의 반가부좌를 하고, 그것도 어려우면 다리는 편안하게 하되 허리는 곧게 세우는 것이 좋습니다. 몸이 곧게 앉아 있으면 번뇌가 마음을 흔들지 않게 됩니다. 몸이 곧게 서면 기가 곧아져 마음이 곧아지므로 번뇌들이 마음을 흔들지 않게 하는 데 도움이 됩니다. 그렇게 몸을 세우고 나서 중맥과 좌·우맥에 있는 죽은 호흡들을 내뱉는 호흡을 세 번 합니다.

두 번째로 말을 안 해야 합니다. 밀라래빠 같으신 분도 기도를 하고 경전을 독송할 때 말고 마음을 본연에 두는 대수인 수행을 할 때는 몸과 말과 마음의 선업이라고 표현되는 절을 하거나 진언을 하거나 경전을 독송하거나 하는 것을 하지 않으셨습니다. 우리가 마음의 자성을 깨치고자 할 때는 일반적인 잡담은 당연히 끊어야 하고 진언 등도 하지 않습니다. 몸과 말과 마음으로 산만해질 수 있는 모든 것들은 다 하지 않아야 합니다. 말을 자연스럽게 두는 것은 본모습 그대로 놓는 것입니다.

마지막으로 마음을 본모습대로 두어야 합니다. 이는 과거, 미래, 현재의 여러 가지 생각들에 계속 끄달리고 밀려다니지 않는 것입니다. 몸은 고요히 쉬고 있으나 마음은 쉬지 못합니다. 잠을 잘 때조차도 번뇌나 습기 등에 의해 만들어진 수많은 현상들을 겪고 있습니다. 마음을 자연스럽게 둔다는 것은 과거, 현재, 미래의 어떠한 상황들이나 일어나는 생각들을 따라가지 않는 것입니다. 우리의 의식이나 생각이 만들어내고 조작하는 것들로부터 떠나서 그러한 것들을 내려놓습니다. 그냥 내 생각이 아닌 우리들의 본래 마음이 어떻게 존재해 있든지 간에 그것 그대로, 그 자리 그대로 둡니다. 이는 마치 두세 살 된 아이가 영상이나 모습, 소리가 들릴 때 단지 인식할 뿐이지, '좋고 나쁘다, 이렇다 저렇다' 하는 집착이나 분별을 일으키지 않는 것과 같습니다. 그런 상태로 마음을 두는 연습을 해 보십시오.

마. 대수인의 선정과 수승한 지견

대수인이란 세 가지로 말할 수 있습니다. ①근본(본질)의 대수인, ②과정의 대수인, 그리고 ③결과의 대수인입니다. 근본의 대수인은 우리가 가지고 있는 마음의 본모습이 어떤 것인지를 먼저 인식하는 것입니다. 과정의 대수인은 인식한 본모습을 계속 익혀 나가는 과정을 말하며, 결과의 대수인은 과정을 통해서 마음의 본모습을 확연히 깨쳐 체득하는 것입니다.

감뽀빠(닥뽀린뽀체)께서는 대수인 수행의 네 단계를 ①집중, ②환을 여읨, ③일미(한 맛), ④무학위(닦음이 없는 단계)로 말씀하셨습니다. 먼저 '집중'의 단계를 통해서 선정을 익힐 수 있는데, 선정을 닦는 방식에 두 가지가 있습니다. 대상을 두고 선정을 닦는 것과, 대상을 두지 않고 선정을 닦는 것입니다. 선정을 닦는다는 것은 마음을 한 곳에 두겠다고 하면 거기에 집중하여 전혀 움직이지 않을 수 있는 상태를 익혀 나가는 것을 의미합니다. 그러나 우리들은 과거, 현재, 미래의 많은 습기들로 인해 마음이 한 곳에 머물러 있지 않습니다. 자신도 모르게 마음은 어딘가에 가 있습니다. 일단 그것을 다스려야 하기 때문에 마음을 둘 대상을 정하는 것입니다.

마음을 두는 대상에도 두 가지가 있는데, 청정하지 않은 대상과 청정한 대상이 있습니다. 청정하지 않은 대상은 일반적인 대상을 말하는데, 돌이나 점 등 언제든지 우리 눈 앞에 놓고 내 마음을 둘 수 있는 그런 것을 뜻합니다. 청정한 대상은 불상, 탱화, 또는 '옴(ॐ)·아(ཨ)·훔(ཧཱུྂ)' 같은 글씨를 뜻합니다.

대상이 없는 선정을 닦는 것으로는 기(기운)에 마음을 두는 것이 있고, 기가 아닌 것에 마음을 두는 것이 있습니다. 어쨌든 각자가 자신의 현재 상황에 맞게 선정을 닦아야 합니다. 각자 상황에 알맞은 약을 먹어야 하는 것입니다. 좋은 약이라고 많이 먹으면 오히려 부작용이 일어나지 않습니까?

지금 제가 말씀드릴 분야는 대상을 두지 않는 선정으로 바로 들어가겠지만, 그것이 어려울 것입니다. 지금은 여러분들이 할 수 있는 씨앗을 심고, 그렇게 안 되는 분들은 단계 단계 차례대로 해야 선정이 확고해지고, 그렇게 해서 선정이 확고해지면 그로 인해 일어날 수승한 지견을 보는 관觀도 확고하게 일어나게 됩니다.

다시 세 가지 요가(내줄릭, གནས་འགྱུ་རིག་ 머물고, 변하고, 인식함)의 분야에 대해서 말씀드리겠습니다. 집중은 티벳어로 '쩨찍(རྩེ་གཅིག)'이라고 합니다. '쩨(རྩེ)'는 끝이라는 뜻인데, 어떤 한 점을 말합니다. 우리들의 마음은 찰나도 머무르지 못하고 끊임없이 헤아릴 수 없을 만큼 빨리 움직여 갑니다. 내 마음인데 내가 주인이 되지 못하고, 무시 이래로 쌓여왔던 알 수 없는 습기들이 주인이 되어 나의 마음을 이리 저리로 끌고 다니는 것입니다. 그래서 우리는 먼저 우리 마음의 주인이 되어야 하며, 내 마음을 내 마음대로 조절할 수 있어야 합니다.

그러기 위해서는 우선 선정을 닦아야 하는데 선정을 티벳어로 '시내(ཞི་གནས)'라고 표현합니다. '시(ཞི)'는 고요해지게 한다는 뜻인데, 수많은 번뇌들과 분별들을 가라앉히고 조용해지게 만드는 것입니다. 그리고 '내(གནས)'는 둔다는 뜻인데, 어디에 두는가 하면 자신이 마음을 어디에 두려고 했든지, 어느 대상에 마음을 두려고 했든지 간에 그것에 그대로 마음을 두는 것을 뜻합니다. 결국 집중, 선정이라고 하는 것은 '쩨찍빠(རྩེ་གཅིག་པ)' 즉 수많은 마음의 생각들을 한 곳에 두는 것입니다.

마음을 두는 방식에 대해서 말씀드리겠습니다. 보통 선정을 닦는다고 하면 번뇌를 막는 것이라고 생각하는 경우가 있습니다. 번뇌, 생각이 일어나지 않는 것이 선정이라고 생각하고 있는데, 그것은 완벽한 선정, 여법한 선정이라고 할 수 없습니다. 선정은 번뇌의 힘에 끌려가지 않는 것이어야 합니다. 자신의 마음을 자신이 관찰하고 살펴보는 것, 즉 적이 오는지 안 오는지 지켜보는 파수꾼처럼 자기 마음을 자신이 살피는 것입니다. 자신의 마음이 왔다갔다 하고 움직이는 것을 지켜보는 지킴이를 하나 만들어 두는 것입니다.

수행의 핵심은 산만하지 않고 바로 깨어 보고 있는 것, 알고 있는 것, 즉 정념입니다. 산만하지 않게 바로 깨어 보고 있으면 자신의 지혜가 드러나게 됩니다. 내가 지금 어떤 상태인지, 내 마음이 지금 어떻게 하고 있는지 바로 알고 깨어 있는 상태로 유지하는 것이 선정을 닦는 방법입니다.

수행을 익혀 나가는 것을 '곰(གོམས)'이라고 하는데, 이를 잘 보호하고 지켜 나가는 힘이 바로 '댄빠(དྲན་པ)' 즉 정념입니다. 정념이란 인식하고 있는 것, 알고 있는 것인데, 내가 무엇을 하는지, 마음을 어디에 두고 있는지, 마음을 어디에 두어야 하는지 잊지 않고 계속 알고 있는 것입니다.

정념이 있으면 수행을 하고 있는 것이고, 정념이 없으면 수행을 하고 있지 않는 것입니다. 몸은 고요히 있지만 마음이 정념에 있지 않다면 그것은 수행을 하는 것이 아니며 정념의 상태가 안 되는 것입니다. 우리는 보통 '수행하는 시간이야', '수행하고 있어'라고 생각하면서 고요히 앉아 있지만, 마음이 움직인다면 그것은 수행하고 있는 것이 아닙니다. 반면에 왔다갔다 하면서 움직이고 있지만 모든 상황, 행주좌와에서 마음을 계속 잘 살피고 잘 지켜보고 있으면 그런 순간들은 수행을 잘

하고 있는 것입니다.

감뽀빠(닥뽀린뽀체)께서 말씀하시기를, "마옝빠(ম་ཡེང་བ་), 즉 산만하지 않은 길은 모든 부처님이 가신 길이고 그것이 바로 선지식이며, 모든 가르침의 핵심은 산만하지 않은 것"이라고 하셨습니다. 산만하지 않은 상태에서 그 '산만하지 않음'이 잘 유지되게 하려면 두 가지 도우미가 필요합니다. 스스로 산만하지 않다고 생각하고 있으면서도 자기도 모르게 번뇌에 기울어져 있거나(도거), 침잠에 기울어져 있는 상황들(혼침)이 순간 순간 일어나는데 그런 상태로 가지 않도록 해야 합니다. 마음이 도거掉擧나 혼침昏沈에 끌려가지 않도록 지속하는 것, 그것이 진정한 곰이며 수행입니다. 결국 산만하지 않게 깨어서 보고 알고 있는 것, 그것이 정념이고 수행의 핵심인 것입니다.

요약하면, '곰(གོམས་ 익어감, 수행)'이란 자심의 지킴이가 되는 것이며 그 자체가 수행입니다. 외적 물건, 외적 대상에 대한 파수꾼이 되지 말고, 외적으로 향하는 마음을 보는 지킴이를 항상 두라는 것입니다. 결국 정념 그 자체가 '곰'인 것입니다.

그런데 초보자는 정념의 상태를 오래 지속하지 못합니다. 그렇게 하려는 순간 다른 생각으로 넘어갑니다. 그렇기 때문에 우리는 먼저 맹세를 해야 합니다. 수행을 하려고 마음을 먹는 순간 강하게 맹세를 해야 합니다. '2~3분 만이라도 산만하지 않겠습니다.' '2~3분 만이라도 마음을 딱 두겠습니다.'라고 다

짐을 해야 합니다.

다짐을 하는 방식이 좀 더 여법하고 확고히 되도록 하기 위해서 우리는 '라둡(ⓑⓢⓑ)' 수행을 합니다. 라둡 수행은 정수리 위에 스승님들을 관상하고 스승님께 간절히 청을 올리는 것입니다. '제가 마음이 흔들립니다. 빨리 수승한 지견이 일어나도록 도와주세요.'라고 간절하게 청을 올리고 나면 스승님들께서 다 빛으로 화해서 모두 나와 하나가 됩니다. 우리가 간절히 원하고 절실하면 그대로 선정에 들어갈 때가 있듯이 스승님에 대한 간절한 마음은 수행에 굉장히 도움이 됩니다. 간절하게 청을 올리고 스승님과 내가 하나가 되는 상태에서 선정에 듭니다.

그 상태를 산만하지 않게 인식하게 되면 그대로 대수인이 됩니다. 그렇게 되면 마음이 머무르게 됩니다. 마음이 머무는 순간은 이전의 생각이 사라지고 그 다음 생각이 일어나지 않는 찰나가 됩니다. 그런데 그 찰나에 머무른다 싶으면 바로 생각이 일어납니다. 바로 생각이 일어나는 것을 '쥴와(ⓐⓑⓡⓑ)'라고 표현합니다. 마음이 변하고 생각이 일어날 때 바로 '일어나는구나' 하고 그것을 보고 있어야 합니다. 일어나고 있는 그것을 보게 되는 순간은 '일어나는 것의 근원을 안다'라고 말하는 것과 똑같은 이치가 됩니다. 일어나는 것을 보는 순간 근원을 인식하고 아는 것입니다. '근원을 본다, 근원을 안다'라고 하는 그 자체가 바로 정념이 되어 있는 상태입니다.

'생각이 일어나는 근원을 본다, 안다'는 그것이 바로 정념입니다. 정념이 있으면 바로 본연의 지혜를 알 수 있는 것이고, 정념이 약해지면 우리들의 본모습을 알 수 없는 것입니다. 결국 생각이 일어나는 근원이 변해가는 것을 보는 순간 근원을 인식하게 됩니다. 그렇게 근원을 인식하는 그 순간에는 번뇌를 따라가지 않게 됩니다.

다시 요약하자면, 보게 되면 머물게 되고 머무는 순간 다시 생각이 일어나면 일어나는 것을 다시 인식하는 것 그 자체를 '릭빠(རིག་པ)'라고 표현하는데, 인식하는 그 자리에 두면 그대로 고요한 머묾이 됩니다. 그것을 계속 지켜보면서 조절해 나가는 것이 선정을 닦는 방법입니다.

현교에서는 구차제 선정을 닦는 차제들에 대한 설명들이 나와 있습니다. 어느 단계를 어떤 이름으로 설명하든지 간에 핵심적인 구결은 머물고, 변화하고, 인식하는 세 가지의 끊임없는 흐름일 뿐입니다. 그리고 그 세 가지를 해 나가는 두 가지 방법은 집중과 이완인데, 집중과 이완의 조화를 이루어가는 것이 필요합니다. 침잠해지거나 졸리면 마음을 다잡아서 주위를 단호하게 만듭니다. 또 강해지는 쪽으로 기울게 되면 마음은 다시 산만해지게 되니 이때는 스스로 약간 이완시킵니다. 그렇게 집중과 이완을 자신 안에서 할 수 있는 만큼 반복하면서 밸런스를 유지해 가는 것입니다.

선정을 닦아야겠다고 생각하고 앉아 있으면 번뇌가 굉장히 많이 일어나는 것처럼 느껴집니다. 그래서 처음에 수행할 때는 마음의 번뇌들이 폭포수처럼 쏟아져 내려온다고 표현합니다. 그것은 없던 번뇌가 일어나는 것이 아니라, 있던 번뇌를 인식하지 못하다가 그것을 인식하는 단계로 바뀐 것일 뿐입니다. 번뇌가 일어나도 방치되고 있는 상태에서는 끊임없이 수많은 번뇌들이 또 다른 번뇌들로 움직여 다니기 때문에 번뇌가 있는지 없는지 모르고 있다가, 이제 번뇌라는 것을 확실하게 보기 시작하니까 많은 번뇌를 인식하게 되는 단계입니다. 그래서 '마음이 전혀 확고하지가 않네'라고 느껴지는데, 그렇게 느껴지는 시점이 아마 수행이 시작되는 시점일 것입니다.

그 상태에서 계속 해 나가다 보면 번뇌가 계속 일어나고 변해가는 것이 조금씩 줄어들면서 머무는 시간이 점점 길어지기 시작합니다. 그것을 '강물이 흘러가는 것처럼 되었다'고 표현합니다. 이렇게 차제대로 수행을 해 나가다 보면, 우리가 익혀 나가는 차제가 달라지고 그에 따라 일어나는 경험의 차제가 달라져 갑니다. 그렇게 계속 하다 보면 마지막에는 마음이 고요히 머무는 선정이 확실하게 옵니다. 그때를 '파도가 없는 바다'라고 표현합니다. 파도가 없는 바다처럼 마음이 고요하게 머무를 때, 그때는 행복하고 선명하고 번뇌가 없는 상태입니다.

행복하고 선명하고 번뇌가 없는, 생각이 일어나지 않는 명료하고 행복한 그런 상태에 계속 마음을 두게 되면, 선정으로 인해서 얻게 되는 행복과, 몸과 마음의 '경안輕安'이라는 상태를 얻게 됩니다. 이를 티벳어로 '씬쟝(ཤིན་སྦྱངས)'이라고 하는데, 그 상태에서는 몸과 마음이 매우 행복합니다. 일반적으로 느껴지는 행복이 아니라 굉장히 행복합니다. 그것을 선정의 행복이라고 표현할 수 있는데, 그때 그러한 행복하고 명료하고 번뇌가 없는 경험의 상태에 찰나라도 집착을 해서는 안 됩니다.

찰나라도 '아 좋다'라고 마음을 두는 순간, 그것은 세간의 법이 되어 버립니다. 그것이 세간의 즐거움으로 되어버리지 않게 하려면 그러한 경험도 경험일 뿐인 것으로 보고, 흘러가는 구름처럼 두고 보아야 합니다. 밀라래빠께서 말씀하시기를 그러한 세 가지 경험에 집착하지 않아야 한다고 하셨습니다. 세 가지 경험에 집착을 하게 되면 그것이 세간의 기쁨이 되어버립니다. 그렇게 되는 이유는 경험들에 집착하는 순간 욕계, 색계, 무색계 중 한 세계에 내 마음이 머무르게 되는데 그것 또한 결국 윤회계 속에 들어가게 되는 것이기 때문입니다.

몸에 경안이 일어나는 그 경험에 집착함이 없이 머무를 때 바로 '함통(ལྷག་མཐོང་ 수승한 지견)'을 인식할 수 있게 되고, 수승한 지견이라는 단계에 오를 때, 대수인 수행의 두 번째 단계인 '환을 여읜' 단계 즉 '뙤달(སྒྱུས་བྲལ་)'이라는 단계에 진입할 수 있게

똑댄스님들(좌로부터 아추, 암잠, 쎔독, 그리고 암틴노장님)

됩니다. '챈마메삐시내(མཚན་མ་མེད་པའི་ཞི་གནས་)'라고 하면 명색이 없는 행복하고 명료한 상태, 명색이 없고 이름을 붙일 수 없는 상태를 말합니다. 이름을 붙이는 순간 번뇌라는 자리에 들어가게 됩니다.

그렇기 때문에 명색이 없는 선정의 상태에 들어간 그 순간이 바로 수승한 지견, 즉 관觀이 되는 상태입니다. 이러한 관의 상태에 진입을 하게 되는 때부터 우리는 불과, 즉 부처님의 과위의 과정을 밟고 있다고 생각하면 됩니다. 이는 과거의 번뇌를 막을 것도 없고 뒤에 일어나는 번뇌를 따라가지도 않는 그러한 상태가 되는 것입니다. 그래서 마음의 본모습, 공성이라고 표현해도 좋고, 뭐라고 표현해도 좋은 그 상태를 깨치고 순간 순간 머무르는 그 상태를 '함통(ལྷག་མཐོང་ 수승한 지견)'이라고 할 수 있습니다.

결국 인식하는 주체인 우리의 의식과, 인식의 대상인 어떠한 것들, 즉 경계나 기·정세간 그 모든 것들은 결국 공성 아닌 것이 없기 때문에 우리가 선한 생각을 할 때도 그 자체를 지켜보면 본질은 공이고, 악한 생각을 할 때도 악한 생각에 끄달려 가지 말고 그 자리를 지켜보게 되면 그것 역시 공입니다. 좋고 나쁜 생각이 없는, 아무 생각도 없이 무기無記라고 생각되는 그 어떤 순간도 지켜보기만 하면 바로 공이기 때문에 '랑신똥빠(རང་བཞིན་ སྟོང་པ་)' 즉, 본질이 공이 아닌 상태는 아무 것도 없습니다. 본래 모습 그 자체가 공인 것을 전부 인식해 나가서 그 본연의 모습을 전부 알게 되는 지견이 일어나는 지점, 그 견해와 안목이 생겨나는 순간들을 수승한 지견이라고 할 수 있으며, 지와 관이 동시에 이루어지고 있는 상태인 것입니다. 이것이 바로 대수인입니다.

제가 대수인에 대해 요약해서 말씀을 드렸습니다. 제 자신이 대수인의 거대한 법을 많이 알고 들은 것은 없습니다. 단지 저는 도종 린뽀체, 아뒤 린뽀체나 수많은 똑댄(རྟོགས་ལྡན་)들로부터 내려오는 그 가피의 전승을 이어가고 있습니다. 매우 큰 가피와 옛 전승을 이어주신 스승님, 관세음보살님이신 빼마깔뽀님의 순금과 같은 구결인 대수인을 여러분들께 전수해 드렸습니다. 이

제 오늘 한 수행, 법을 듣고 설한 이 모든 선업과 선업의 뿌리까
지 일체 모든 중생들에게 회향하겠습니다.

제2장 캔뽀 로쌀 법문

1. 불교의 핵심

2018년 4월 9일 깜따시링 법당

깜따시링에서 법문 중이신 로쌀 캔뽀님

LOTUS FLOWER
Purity and enlightenment

　여기 계신 분들 대부분이 제가 예전에 왔을 때 만났던 분들입니다. 저에 대해서는 여러분들이 다 아실 것 같아서 특별히 말할 필요는 없을 것 같습니다. 새로운 사람들이 좀 더 많으시면 저나 사원에 대해서 말씀을 드리겠지만 다들 아시는 분들이라 별로 말할 것이 없는 것 같습니다.

　지금의 캄뚤 린뽀체께서는 제9대 캄뚤 린뽀체이십니다. 그 전생이신 제8대 캄뚤 린뽀체께서 티벳에서 인도로 넘어오셔서 정착하신 곳은 웨스턴 방갈의 칼림퐁이라는 곳입니다. 인도로 망명하시고 처음 망명 사원을 세우신 곳이 칼림퐁인데 그곳에서 제가 처음으로 린뽀체 제자로 출가를 했습니다. 그리고 따시종 내에서는 최고 노스님이신 아추노장님 다음으로 나이가 많습니다.

저는 어릴 때 스님이 되었고, 또 어릴 때부터 이런 큰 스님들과 만나 경전을 읽고 배우고 그분들을 보고 느끼고 배울 수 있었던 선근 복덕에 대해서 스스로 정말 만족하고 감사하게 느끼고 있습니다. 저는 일반적인 의미로 '캔뽀'라는 이름이 붙어 있을 뿐이지 특별히 불법에 대한 공력이 많거나 지식과 학식이 넓거나 하지 않습니다.

여러분께서 다 아시겠지만 제게는 두 형제가 있습니다. 푼촉 스님과 진바 스님입니다. 홍콩에 린뽀체 센터가 있는데 린뽀체께서 푼촉 스님을 1년간 센터장으로 보내셨습니다. 둘째 동생 진바 스님은 촉니 린뽀체께서 캄뚤 린뽀체께 올리신 네팔에 있는 아니(비구니)사원에 가셔서 전체를 관리하고 비구니 스님들이 수행과 기도를 해 나갈 수 있도록 지도를 하고 계십니다. 작년에는 마하깔라 기도, 뎀촉 기도를 다 하셨습니다.

우리들이 불자로서 불법에 귀의한 후에 알아야 하고 해야 할 것의 핵심, 즉 가장 중요한 것은 명성이나 부 또는 지위 등을 가지는 것이 아니라, 마음의 주인이 되는 것, 마음을 관찰하는 것, 마음을 조복받고 컨트롤하는 것, 마음을 고요히 하는 것입니다. 이것이 불자인 우리들이 꼭 해야 하는 일입니다.

그럼 불법이라는 것은 무엇입니까? 그에 대한 4구절이 있습니다. 많은 경전이 필요 없습니다. 딱 4구절이면 됩니다. 불교의 핵심이 무엇인지가 중요한 것입니다. 이것 저것을 많이 할 수 있는 시간도 없고, 머리도 없고, 상황도 안 됩니다. 불교에는 근본불교가 있고, 중국이나 외국에 많은 대승불교가 있고, 티벳에서 하는 금강승불교가 있습니다. 그리고 수행자의 근기에 있어서도 상근기, 중근기, 하근기 세 가지로 나눌 수 있겠지만, 그 어떠한 이름, 그 어떠한 불교라 하더라도 모든 것의 공통적인 핵심은 마음을 조복받는 것입니다. 금강승, 현교, 근본승 어느 것이든지 간에 그 모든 가르침을 하나로 묶으면 아래 구절과 같습니다.

།སྡིག་པ་ཅི་ཡང་མི་བྱ་ཞིང་།   །དགེ་བ་ཕུན་སུམ་ཚོགས་པར་སྤྱད།
딕빠찌양미쟈싱   게와푼쑴촉빨째
악업은 하나라도 짓지 말고 선업을 원만구족하게 갖추어서

།རང་གི་སེམས་ནི་ཡོངས་སུ་འདུལ།   །འདི་ནི་སངས་རྒྱས་བསྟན་པ་ཡིན།
랑기쎔니용쑤둘   디니쌍쟤땐빠인
나의 마음을 완전히 조복받는 것, 이것이 부처님의 법이다.

〈제악막작諸惡莫作 중선봉행衆善奉行 자정기의自淨其意 시제불교是諸佛教〉

이 네 구절이 금강승, 현교, 또는 근본승의 모든 가르침의 핵심입니다. 이는 매우 쉽습니다. 우리가 늘 말하고 전부 다 알고 있습니다. 이렇듯 모두 알고 있지만 실천을 잘 못합니다. 입으

로는 "악업은 나쁜 거야, 하지 말아야 돼!" 하면서도 손으로는 나쁜 일을 합니다. 선업을 지어야 하고 수행을 해야 한다는 것을 모두 알고는 있지만 실천하기는 참 어렵습니다. 일하는 데 장애가 생기고, 시간도 없고, 몸도 아프고, 갑자기 손님도 오는 등 장애들이 많이 생깁니다. 법문을 듣는 것이 좋다는 것을 알지만 실제로 오는 사람은 많지 않습니다. 하지만 괜찮습니다. 우리가 핵심을 알고 그것을 익힐 수 있으면 사람이 많고 적은 것은 상관이 없습니다. 석가모니 부처님께서 초전법륜을 굴리실 때도 법을 듣는 사람은 다섯 분 뿐이었습니다. 양이 아니고 질이 중요합니다. 좋은 자질을 가지고 있는 제자들이 더 중요합니다.

'딕빠(སྡིག་པ་)'는 악업을 말하며, 풀이하면 '입으로 말할 수 없다'는 뜻입니다. 악업은 생명체를 죽이고 나쁜 일을 하고 남에게 욕을 하고 뒤에서 험담을 하는 등을 말하며, 이 '딕빠(악업)'라는 말조차도 '우리에게 해를 끼치고 손해가 되기 때문에 이 단어를 쓰는 것도 두려워해야 한다.'라는 뜻이 함축되어 있습니다. 어떤 사람이 불에 타 죽었는데 "그 사람 불에 탔어."라고 말하는 것조차도 무섭고 싫듯이 손과 입과 마음으로 나쁜 일을 하는 것은 고사하고 나쁜 일이라는 말조차도 하기 싫은, 그런 의미를 가지고 있는 것이 티벳어로 '딕빠'입니다.

해를 끼치는 악업의 기준점은 모두 알고 있듯이 마음에 달려 있습니다. 드러나는 악업의 크고 작음은 동기의 선악과 그 크기에 달려 있습니다. 옛날에 500명의 상인이 여의주를 구하러 바다로 갔습니다. 그것을 구하러 가는 상인들이 탄 배에는 선장이 있었고, 미남통통이라는 사람도 타고 있었습니다. 그런데 그 선장은 미남통통이 500명의 상인을 죽이려 한다는 것을 알고 있었습니다. 그는 타인을 이롭게 할 수 있는 방편, 자애, 지혜가 있는 선장이었습니다.

그래서 그는 '미남통통이 500명의 상인을 죽이고 나면 반드시 지옥을 갈 것이고 500명의 상인들도 억울한 죽음을 당하게 되는데, 내가 만일 미남통통을 죽이면 500명의 상인들도 죽지 않을 것이고 내가 저 사람을 죽였으니 저 사람도 지옥에 가지 않을 것이다. 내가 지옥에 간다 하더라도 저 사람들을 좀 더 나은 상태로 만들 수 있다면 나는 어찌 되든 상관없다.'라고 생각했습니다. 이로 인하여 그 선장은 9만 겁 동안 지을 복덕을 그 한 생각과 행위로 짓게 되었고, 결국 부처가 되셨습니다.

어떤 사람이 "저 선장은 사람을 죽였는데 어떻게 해서 부처가 될 수 있습니까?" 또는 "부처가 되는 데 필요한 많은 공덕 중 9만 겁에 해당하는 공덕을 어떻게 지을 수 있었습니까?"라고 묻는다면 여러분은 어떻게 대답하시겠습니까? 왜 선장이 미남통통을 죽였습니까?

선장이 사람을 죽였음에도 불구하고 그 많은 복덕 자량을 지을 수 있었던 것의 핵심은 그가 사람들을 이롭게 하려고 노력했다는 것입니다. 그 사람의 행동 자체만 볼 때는 사람을 죽인 나쁜 것이었지만 더 많은 사람을 이롭게 하려는 노력을 했기 때문에 궁극적으로 더 큰 복을 지을 수 있었습니다. 결국 동기가 좋으면 과정도 결과물도 좋게 되고, 동기가 나쁘면 아무리 보기 좋게 꾸민다 해도 악업이 되는 것입니다.

어른들이 돌아가시고 나서 흙과 돌을 섞어 만든 작은 상을 '차차'라고 하는데, 이 하나의 '차차'로 세 사람이 성불한다는 말이 있습니다. 보통 '차차'는 조그만 탑 모양인데, 탑은 부처님 마음의 상징입니다. 어떤 사람이 '탑은 부처님의 마음'이라는 생각으로 오롯하게 부처님의 마음을 생각하면서 탑 차차를 만들었습니다. 그 사람이 그렇게 부처님의 마음을 생각하고 차차를 지은 공덕으로, 후에 더 많은 공덕이 쌓여 때가 되어 부처가 되었습니다.

그런데 차차는 대부분 진흙으로 만들기 때문에 길가에 있는 탑 차차는 비가 오면 거의 녹게 됩니다. 어떤 사람이 '차차는 부처님의 마음인데 녹으면 안 된다.'고 생각하고 가릴 것을 찾았으나 없어서 신발로 덮어 차차를 가렸습니다. 그 사람도 부처님의 탑을 지키고자 하는 선한 마음으로 자기가 할 수 있는 최선을 다한 것입니다.

이렇듯 좋은 마음으로 했기 때문에 그도 성불을 했습니다. 만약 지나가는 사람이 그것을 보고 '부처님의 탑에 누가 이렇게 신발을 벗어 놓았을까?' 하면서 신발을 들어내면 그 사람도 좋은 마음으로 했기 때문에 성불을 합니다.

결국 모든 것은 마음에 달려 있습니다. 오늘 제가 마음에 대해 말씀을 많이 드리고 싶은 생각이 듭니다. 마음이 중요한 것이기 때문에 스스로의 마음을 선하고 바르고 깨끗하게 만들지 못하면서 "수행을 3년 했다, 10년 했다." 하는 것은 아무런 도움이 되지 않습니다. 악업에는 어떠한 공덕, 좋은 점도 있을 수 없지만 단 한 가지 좋은 점이 있습니다. 그것은 바로 참회를 할 수 있다는 것인데, 참회로 인해서 악업이 사라지기 때문입니다. 악업을 참회할 때 '정말 이건 아니구나, 정말 이건 하지 말아야겠다.'고 생각하면서 다시는 하지 않겠다는 결심을 확고히 하고 그것을 지켜 나갈 때 참회의 공덕이 일어나는 것입니다. 말로는 "안 하겠습니다." 하고 뒤에서 악업을 계속하면 공덕이 안 됩니다.

우리 모두 각자의 악업이 있습니다. 완전히 없을 수 없습니다. 그러나 가슴 깊은 곳에서 '참회를 해야겠다. 다시는 하지 않아야겠다.'고 생각하고 참회를 하게 되면 악업이 반드시 없어집니다. "나는 이 생에 별로 잘못한 것이 없습니다."라고 말할 수도 있겠지만 그 이전의 수많은 생 동안 우리가 지은 악업

차차를 올려둔 모습

이 반드시 있습니다. 우리가 하는 수행과, 선한 행위로 인한 선업과, 우리가 짓는 공덕이나 어른들을 모시는 복, 이런 것들의 이익이 커지고 수행이 더 잘 되게 하려면 악업이 없는 상태에서 이루어져야 합니다.

　예를 들어 차를 마실 때 맛있고 영양가 있고 도움이 되는 차가 되게 하려면 먼저 컵을 깨끗이 씻어야 합니다. 그와 같이 선업을 짓고 수행을 하고 공덕을 지을 때 그것이 더 커지려면 악업이 없는 상태에서 해 나가야 합니다. 악업과 섞인 상태에서는 선업을 짓거나 수행을 해도 그렇게 큰 효과가 일어나지 않습니다. 10가지 불선업이나 보살계를 어기는 등 악업의 종류가 여러 가지 많이 있습니다. 그 부분은 지금 말씀드리지 않겠습니다.

여러분들이 사가행 수행을 하고 계시는데, 거기에 보면 선업을 짓는 방법, 악업을 참회하는 방법, 수행을 하는 방법, 스승님의 가피가 들어오게 하는 방법, 자량을 쌓는 방법들이 다 나와 있으니 잘 아실 것이라 생각합니다.

'하나의 악업도 짓지 말라'는 분야는 다 말씀을 드렸고, 이제 '선업을 원만구족하게 쌓는' 분야에 대해서 얘기를 나누겠습니다. '선업을 원만구족하게 쌓아야 한다'는 것은 선업에는 수행하는 것, 좋은 일을 하는 것이 포함되는데 그런 것들을 가능하면 원만하게, 할 수 있는 만큼 최대한 많이 할 수 있으면 참 좋다는 뜻입니다. 즉, 매일 매일 조금씩이라도 끊임없이 해야 하는 것입니다. 물 한 방울, 한 방울이 모여서 바다가 되듯이 그렇게 해 나가야 합니다.

보통 어떤 외국인들은 "선업이니 악업이니 늘 하시는 그런 말씀 말고 나에게 곧바로 좀 알려주세요. 마음의 근본 모습을 보여주세요. 족첸(대원만)의 지견을 그대로 확실하게 보여주세요."라는 말들을 많이 하시는데, 그런 분들은 선업이라고 하는 수행이 익어지지 않은 것입니다.

불·법·승 삼보님과 같은 성스러우신 분들의 공덕을 찬탄하고 기뻐하는 것은 100% 선업이 됩니다. 선업은 어떤 마음과 동기로 행하느냐에 달려 있는 것이지, 스승님들께 큰 물건과 많은 돈을 올리거나 비스켓 하나를 올리거나 하는 행동의 양에 달려 있는 것이 아닙니다. 어떤 마음과 동기로 하고 있는가에 달려 있는 것입니다. 무엇을 많이 올린다고 해서 다 선업이 되는 것은 아닙니다. 그런 것을 올리면서도 어떤 다른 심리 상태가 있다면 그것은 악업이 되기 쉽습니다.

옛날 인도에 '살쟈'라고 하는 왕이 있었습니다. 그 왕은 하안거 3개월 동안 수행하시는 부처님과 모든 스님들께 집과 좌복, 음식, 입으실 모든 옷과 큰 구리 램프에 기름을 계속 제공하면서 버터램프의 불을 밝혔습니다. 그때 가진 것이 아무 것도 없는 거지 노보살님이 그것을 보며 '왕은 이전의 생에도 많은 공덕을 지어서 현재 왕의 자리에 올라 선행을 할 수 있게 되었고, 또 지금도 저렇게 공덕을 지으시니 다음 생에도 참으로 훌륭하게 되시겠구나, 정말 수희 찬탄한다.'라고 생각하면서 진정으로 기뻐하고 행복한 마음을 가지고 있었다고 합니다. 이렇게 왕의 선업을 찬탄하면서 '나는 이전에 선업은커녕 악업만 많이 짓고 태어나서 이렇게 거지 같은 신세가 된 데다가 나이가 들어 공덕도 더 지을 수 없고 하니, 내 생이 갈수록 안 좋겠구나.' 하는 마음에 참으로 많은 후회를 하면서 울고 다녔습니다.

그러다가 '시차'라고 하는 마을에서 어떤 분이 이 노보살님에게 계란 정도 크기의 버터를 주셨는데, 그분이 버터를 받자마자 '이것으로라도 램프 공양을 올렸으면 좋겠다.'고 생각했습니다. 그런데 그 버터를 녹여서 불을 붙일 만한 그릇이 없어서 그릇을 찾던 중 주위에 염소 뿔을 하나 발견했습니다. 그 뿔을 가져다가 버터를 녹여 놓고 나니, 이번에는 심지가 없었습니다. 그래서 실 같은 것을 주워서 심지를 만들어 버터램프를 켜고 왕이 만들어 놓은 금, 은, 구리로 만들어진 크고 멋있는 버터램프 사이에 자신의 버터램프를 가져다 놓았다고 합니다.

보통 인도에서는 켜놓은 램프들을 저녁에 다 끕니다. 여러 가지 이유가 있겠지만 벌레들이 들어와서 죽을 수도 있기 때문에 램프를 끕니다. 저절로 다 타서 꺼진 램프를 비롯해 켜져 있는 모든 램프를 다 껐는데, 이 거지 노보살님의 램프는 아무리 끄려고 해도 꺼지지 않았습니다. 인도에서는 촛불을 끌 때, '후' 하고 불지 않습니다. 입에서 나오는 생명의 호흡으로 불을 끄지 않기 때문에 손으로 바람을 내서 끄거나 가사를 흔들어서 끄는데, 사리불 존자께서 불을 끄려고 아무리 가사를 흔들어도 안 꺼지는 것이었습니다. 부처님께서 나가시다가 이를 보시고 무엇을 하는지 물어보셨습니다. 사리불 존자께서 "이 램프가 꺼지지 않습니다." 하고 대답하시니 부처님께서 "그 불은 삼천 대천 세계의 바람이 불어도 꺼지지 않을 것이다. 그 불을

버터램프

밝힐 때 노보살님이 진실로 굳건하고 바른 마음으로 한 것이기 때문에 그 불은 꺼지지 않는다."라고 말씀하시며, 그 노보살님은 훗날에 등명불燈明佛이 될 것이라고 하셨습니다. 나중에 부처님께서 하안거를 마치고 나서 모든 공덕을 그 거지 노보살님에게 회향하셨습니다.

그러면 왕에게 이 회향이 돌아가지 않은 이유는 무엇입니까? 왕은 많은 공양물을 올리기는 했지만 자신이 이 모든 것을 다 가지고 있고, 재산도 있고, 지식도 있고, 따르는 권속도 많이 있다는 자부심으로 가득 차 있는 마음의 상태에서 공양을 올렸기 때문입니다. 마음의 바름에 있어서 거지 노보살님과 왕은 하늘과 땅 차이였습니다. 그래서 그 노보살님에게 회향이 돌아가게 되었습니다.

　여러분들께서 이 센터에도 오시고 다른 센터에도 가시고 여러 큰 스님들과 다양한 분들을 뵈면서 웃고 아이와 같은 행동들을 하지만 과연 그것이 어떤 마음과 동기로 하는지를 잘 생각해야 합니다. 마음이 굉장히 중요합니다. 그 마음을 스스로 자꾸 보면서 행동을 해야지, 그렇지 않으면 악업만 더 쌓일 수 있습니다. 아까 말씀드린 선장 이야기나 거지 노보살님 이야기는 스님들이 만든 것이 아닙니다. 부처님께서 하신 말씀입니다. 부처님께서 우리들을 위해 무엇이 핵심인지, 어떻게 해야 우리의 마음과 행동, 그리고 말에 의해서 복을 짓고 대자유와 행복을 얻을 수 있는 것인지를 바로 가르쳐 주시기 위해서 하신 말씀인 것입니다.

　어떠한 악업도 짓지 말고, 선업을 원만구족히 지어서 자신의 마음을 조복받는 것이 중요합니다. 타인의 마음을 어떻게 하라는 것이 아니고 단지 자신의 마음을 조복받으라는 것입니다. 그러면 우리들의 마음이라고 하는 것이 어디에 있습니까? 다른 사람의 마음이 아니라 자신의 마음 말입니다. 부처님은 자신의 마음에 대해서 말씀하신 것입니다.

　어떻게 자신의 마음을 조절해야 합니까? 먼저 자신의 마음을 이해해야 합니다. 대부분은 자신의 마음이 어디에 가 있는지 모릅니다. 제가 만약 여러분의 마음이 어디에 있는지 묻는다면 그것은 매우 어려운 질문이 될 것입니다. 자신조차도 마음이 어디에 있는지 모릅니다. 우리는 마음에 대해서 많이 듣고 말하고, 생각하고, 서로 주고받고 합니다. 그러면 과연 마음은 어디에 있나요? 마음이 머리에 있습니까, 가슴에 있습니까? 만약 '마음은 공성이다.'라고 한다면 맞습니다. 공합니다. 그러나 지금 제 말을 듣는 여러분은 실재합니다. 속제의 측면에서는 존재하는 것입니다. 진제의 측면에서는 모든 현상이 공성이고 또한 불성이고 하지만 또 속제로는 있는 것입니다.

이와 같이 '마음이 어디 있는가?'라고 할 때 마음을 관찰하기는 쉽지 않습니다. 그래서 보통 '원숭이 같은 마음', '뛰어다니는 마음', '미친 마음'과 같이 마음에 대한 여러 가지 표현이 있습니다. 그런 마음들을 잘 관찰해보면 마음이 어디에 있습니까? 마음이 여기에 있나요? 아니면 이 피부와 뼈 사이에 있나요? 아니면 꽃에 있나요? 마음을 찾아볼 때 '마음은 지금 여기에 있다.'고 할 수 있는 것이 아무 것도 없습니다. 마음을 찾을 수가 없습니다. '마음이 이것인가', '여기에 있는가', '마음은 그곳에 있다.'라고 할 수 있는 것이 아무 것도 없음을 느끼게 되면 '아, 그러면 마음은 없나 보다.'라고 생각이 듭니다. 또 '마음은 모양도 없고 있는 곳도 없으니 그러면 색깔이 있는지 살펴보자. 붉은색인가, 노란색인가, 파란색인가?' 하고 아무리 찾아봐도 없습니다. 그러면 '아무래도 마음이 없나 보다. 그럼 마음은 없는 거네.' 이 정도로 생각을 하게 됩니다.

밀라래빠 전기에 보면 '룩찌래빠'라는 분이 나옵니다. '룩'은 양이라는 말입니다. 두 명의 양치기가 있었는데 한 명은 나이가 많았고 한 명은 젊었습니다. 그 둘은 양을 산에 올려다 놓고 밀라래빠가 계신 동굴에 놀러 갔습니다. 놀러 가보니 주위에는 아무도 없고 밀라래빠 혼자 계셨습니다. 그래서 양치기가 밀라래빠께 여쭈어 보았습니다.

"밀라래빠, 당신의 친구는 누구입니까?"

"나는 보리심이라는 친구가 있다."

"보리심이 어디 있는데요?"

"8식에 있다."

"그러면 8식의 집은 어디입니까?"

"몸이다."

"8식과 보리심이 그 안에 있는 겁니까?"

"그렇다."

나이든 양치기가 별로 들을 것도 없다고 하면서 빨리 가자고 하니 젊은 양치기가 "아니에요, 좀 들어 봅시다." 하면서 자꾸 여쭙고 듣기를 반복했습니다. 밀라래빠께서도 젊은 양치기에게 "너는 오늘 가서 마음이 어디에 있는지 찾아보고 내일 나에게 와서 이야기를 해 보아라." 하고 말씀하신 후, 양치기를 보냈습니다. 젊은 양치기는 밤새도록 마음을 살폈습니다. 그렇

밀라래빠

게 마음이 어디에 있는지 살핀 후 밀라래빠께 다시 가서 "마음을 잡으려고 하니까 잡히지도 않고 가만히 두려고 하니까 가만히 있지도 않고, 참 어렵습니다. 잡히지도 않고 머물지도 않아 마음을 찾는 것이 참 어렵네요. 죽을 때는 몸을 헌신짝처럼 버리고 갈 것인데 그야말로 똥 닦은 돌처럼(티벳에서는 들판에서 뒷일을 보는데 옛날에는 종이는커녕 풀도 별로 없고 하니까 돌로 뒤를 닦았습니다. 즉 '똥 닦은 돌은 당연히 버려지는 것처럼'이라는 뜻입니다.) 몸을 버리고 갈 그 마음이 도대체 잡히지도 않고 머물지도 않아 어렵습니다."라고 말씀드렸습니다. 그리고 "잡으려 하니 잡히지 않고, 잡으니 머물지도 않고, 그리고 죽을 때는 우리 몸을 그야말로 똥돌같이 버리고 갈 그 마음이 무엇입니까? 도대체 어찌해야 되겠습니까?"라고 여쭈었습니다.

그러자 밀라래빠께서 "그것이 바로 인무아다."라고 대답하시며, "네가 지금 본 그것이 바로 인무아다. 자, 이제 너는 네 자신이 없는 것을 알게 되었고, 주위에 있는 일체 만법이 없다는 것도 알아야 한다. 그래야 이 세상의 실모습을 알게 되는 것이니 네가 법무아를 알고 싶다면 내 옆에 12년을 있거라."라고 말씀하셨습니다. 그래서 룩찌래빠(양치기래빠)는 12년간 밀라래빠 곁에서 그분을 시봉하여 좋은 수행자가 되었으며, 밀라래빠의 핵심적인 제자가 되었습니다.

이처럼 마음을 보고 찾는 것이 쉬운 일은 아닙니다. 어떤 큰 성취자께서는 "아주 강하고 딱딱한 뿔이나 돌을 선정력으로 구부릴 수는 있을지라도 마음을 다스리기는 매우 어렵다."라고 하셨습니다. 밀라래빠의 전기에도 "저 들판에 있는 고릴라나 호랑이를 나에게 오게 만드는 것보다, 내 마음을 나에게 오게 하는 것이 더 어렵더라."라고 말씀하셨습니다. 이렇게 마음을 다스리기는 정말 어렵습니다. 그러나 어렵다고 해서 할 수 없는 것은 아닙니다. 반드시 할 수 있습니다. 마음을 완전하게 다스릴 수 있는데 이는 무엇에 달려 있습니까? 바로 여러분 각자의 노력과 고행, 난행에 따라 마음을 완전히 다스릴 수 있습니다.

우리가 기분이 좋을 때는 보살입니다. 무언가가 잘 돌아가고, 자기 뜻대로 되면 기분이 좋아서 보살처럼 됩니다. 이는 자기 마음에 힘이 있는 것이 아니라 기분 좋은 어떠한 업심에 의해서 끌려가는 것입니다. 업심에 좋은 일이 생길 때는 기분이 좋은데, 조금이라도 문제가 생기고 뜻대로 안 되면 독사가 무언가를 물 때처럼 나타나서 바로 딱 섭니다. 그러한 마음은 마치 힘줄 같습니다. 짐승들 몸에 있는 힘줄이 불에 닿으면 쫙 오그라들면서 새까맣게 타는데, 평상시 우리들 마음이 그렇습니다. 원래 사람의 마음이 그렇고 저도 그렇습니다. 뭔가 기분이 안 좋고 몸도 불편하고 힘들 때는 누가 한 마디 하면 마음은 바로 독사처럼 일어날 준비를 하고 있습니다. 그런데 기분이 좋고 몸도 좋고 문제가 없으면 마음이 보살이 되어서 "차 마셔. 뭐 줄까? 옆에 앉아봐."라고 말합니다. 이와 같이 화를 낼 때와 기분이 좋을 때가 있고, 혹은 이 두 가지가 아니라 자는 건지, 조는 건지, 또는 수행을 하는 건지 모르겠지만 가만히 앉아있는 자신을 볼 때가 있습니다.

마음을 조복받는가 아닌가에 따라 수행자로 볼 수 있는지 없는지를 결정할 수 있습니다. 결국 마음을 조복한 상태, 아집이 있는가 없는가 하는 것이 수행자인지 아닌지를 알아볼 수 있는 저울이 됩니다. 수행자에게 중요한 것은 바로 '아집이 얼마나 있는지, 얼마나 다스렸는지' 하는 것입니다. 따라서 아무리 수행과 공부를 많이 하고 진언을 많이 외우면서도 아집을 버리지 못하고 있다면, 그것은 헛이름일 뿐입니다.

결국 수행이라고 하는 것의 핵심은 자신의 마음을 조복받는 것입니다. 아집, 자신의 견해나 욕심을 내려놓을 수 있는 것이 수행입니다. 마음이 '시장에 가자!' 하면 일어나서 신발을 신고 시장에 가면 안 됩니다. '시장에 가자!' 하면 '시장을 왜 가야 되나?' 하고 끊임없이 자신을 살펴서 쓸데없는 일들, 굳이 안 해도 되는 일들은 좀 내려놓고 계속 명상을 하고 있을 수 있어야 합니다. 그렇게 일상적으로 뛰어다니는 오식, 육식에 자신의 근본 마음이 끌려 다니도록 하지 말고, 자신의 근본 마음이 자신의 오식, 육식을 자유자재하게 만들 수 있어야 수행자라고 할 수 있습니다. 여법해 보이고 조용해 보이거나, 옷을 잘 입고 멋있거나, 점잖거나 하는 것으로써 수행자를 판단할 수 있는 것이 아닙니다.

'죄'라는 말은 자르는 것, 끊는 것을 의미합니다. 여러분은 무엇을 끊고 무엇을 자릅니까? 사과를 자릅니까, 바나나를 자

평생 무문관 수행자이신 똑댄 아추노장님의 쬐 수행 모습

릅니까? 야채를 자를 것인가요? 아닙니다. 바로 우리들 안에
있는 자아를 끊고 자아를 자르는 것입니다. 주된 핵심은 바로
자아를 끊는 것입니다. 티벳에서는 비구니 스님들이 쬐수행을
많이 합니다. 비구 스님들은 그렇게 많이 하지 않는데 제가 어
릴 때 저의 아버님은 쬐수행을 매일 밤마다 하셨습니다. 쬐수

행에서 자른다는 것은 자아를 자르는 것입니다. 우리는 모든 것을 움켜쥐고 있습니다. '나, 내 것, 내 생각, 내 몸, 내 집, 내가 원하는 것' 이러한 나라고 하는 것을 끊어내는 것이 쬐수행의 핵심입니다.

쬐수행에는 외적, 내적, 비밀의 쬐가 있습니다. 외적인 쬐는 아주 한적한 화장터 같은 곳에서 수행하고 있을 때 보이는 외적인 모습을 말합니다. 한국에서는 화장터나 무덤 같은 데 가서 쬐수행을 하나요? 그렇게 하는 것이 허용되어 있습니까? 티벳이나 인도에서는 화장터 같은 곳에 가서 할 수 있으니까 해 보시면 좋습니다. 무섭고 아무도 없고 무언가 으스스한 느낌이 드는 한적한 곳에 가서 쬐수행을 하는 것이 외적인 쬐입니다. 즉 화장터나 무서운 곳, 한적한 곳, 아무도 없고 마음이 불안해지는 그런 곳에 가서 수행을 하는 것인데, 그런 곳에서 수행을 할 때 귀신들이나 주위의 다른 영가들이 시험을 한다고 합니다. 이 사람이 외적인 쬐수행을 하고 있는데 정말 마음이 그런지 안 그런지 시험을 하는 것입니다. 따라서 한적한 곳, 무서운 곳에 가서 수행을 할 때는 자신의 마음을 정말 잘 다스리고 잘 잡을 수 있어야 합니다. 그렇지 못하면 굉장히 위험합니다.

어떤 분이 한적한 곳에 가서 쬐수행을 하고 있는데 연기가 나는 굴뚝에서 풍선 같은 것이 둥둥 내려왔다고 합니다. 쬐수행을 열심히 집중적으로 하고 있는데 풍선이 내려오니까 너무 신경이 쓰여서 '저것을 칼로 한번 찔러서 터뜨릴까' 하는 생각이 들 정도였습니다. 그러다가 그냥 참고 풍선에 먹물로 글씨를 써서 표시를 해 놓았습니다. 그러자 그 풍선이 사라졌는데, 사라지고 나서 다시 보니까 자기 배에 그 글씨가 쓰여 있었다고 합니다. 만일 그 풍선을 찔렀더라면 자신의 배를 찌르게 되었을 것입니다. 그 정도로 여러 가지 쓸데없는 환영들이 다 일어납니다. 내적인 마음과 외적인 쬐수행이 계합되지 못하면 한적한 곳에 가서 쬐수행을 할 때 착란을 일으킬 수 있습니다.

결국 쬐수행이란 아집과 마음, 자아, 여러 가지 생각들을 잘라내는 것입니다. 마음이라는 것, '안·이·비·설·신·의'와 반영되어 있는 '색·성·향·미·촉·법', 그러한 의식들을 다 잘라내는 것이 쬐수행입니다. 여러분이 해 보셔서 아시겠지만 라마, 이담, 귀신들, 호법 신장 등 모든 분들께 내 몸을 다 바치는 것입니다. 내 팔, 다리를 가져가시고 목도 가져가시고, 뼈는 뼈대로 발라드리고, 살은 살대로 가져가신다고 관상을 합니다. 진짜 관상을 제대로 잘 하시는 분이 이렇게 관상을 하면 귀신이나 빚쟁이 같은 분들이 그것을 가져가서 먹을 수 있다고 합니다. 이는 실질적으로 도움이 됩니다. 정말 관상을 잘 하는 스님 한 분이 계셨는데, 그분이 앉아 관상을 하면서 내 머리도 가져가서 귀신이 먹는다는 생각을 하고 있으니 진짜로 머리가 없어졌습니다. 귀신이 가져간 것입니다. 머리를 가져가니까 눈이 없어져 안 보이게 되니 관상을 하며 머리를 찾는데 귀신이 머리를 또르르 굴려주어서 스님의 머리가 다시 붙었다고 합니다. 이렇게 관상을 잘 하는 것을 내적인 쬐라고 합니다. 자신의 오근을 다 내주는 것이 내적인 쬐입니다.

비밀의 쬐는 제일 쉽습니다. 여러분은 다 '나'가 있습니까? '나'라고 하는 것, 그것이 없어지는 것이 비밀의 쬐이며, 집착을 없애는 것이 비밀의 쬐입니다. 제가 만일 여러분에게 돌을 던지려고 하면 바로 막게 되겠죠? 그것이 바로 '나'라는 것입니다. 그것이 내가 있다는 증거입니다. 사람 모양의 동상이 있을 때 그 동상에 돌을 던지려 하면 동상이 방어를 합니까? 동상은 '나'라는 생각이 없어서 방어를 하지 않는 것이고, 우리는 '나'라는 생각이 있어서 무엇을 던지면 바로 피하고 가릴 생각을 하는 것입니다. 사람들이 "'나'가 무엇입니까?"라고 묻는다면, '나'라고 하는 것은 표시하고 끄집어내거나 가리킬 것이 없습니다. 그런데 누가 무엇을 던질 때 스스로 막고 수비를 하지 않습니까? 그것이 내가 있다는 증거입니다.

쬐에 대해서 제가 말씀을 드릴 게 많이 없습니다. 내일 아침 아추노장님께서 오셔서 쬐수행 구전을 주실 것입니다. 아추노장님께서 말씀하시길 다마루는 안 치시겠다고 하시니까 그냥 운율을 해 주실 것입니다. 쬐에 대해서는 내일 아추노장님께서 말씀해주실 텐데 제가 오늘 마음을 말씀드리다 보니 죄까지 이야기하게 되었습니다.

우리들 마음에서 '나'라고 하는 것을 놓지 못하면 안 됩니다. 우리들 마음에서 '나'를 놓아야 하고 마음을 조복받아야 합니다. 우리들 몸을 조복받고 몸을 바꾸는 것이 중요한 것이 아니라 마음을 조복받는 것이 중요합니다. 마음을 반드시 바꿔야 합니다. 승복을 입고 머리카락을 자르는 것은 문화와 법이 섞여서 그렇게 된 것이지 그것으로 '나'를 버렸다고 할 수 없습니다. 옷을 바꾸거나 머리 스타일을 바꾸는 것이 중요한 것이 아니라 마음을 바꾸는 것이 정말 중요합니다. 그리고 마음이 어떠한 것인지 살피고 이해하는 것이 너무나 중요합니다. 무문관이나 산, 또는 한적한 곳에 갈 필요가 없습니다. 만일 우리가 우리 마음을 조복받을 줄 안다면 말입니다.

마음을 조복받는 것이 제일 중요합니다. 자신의 마음을 조복받아야 하고 그렇게 할 수 있으면 되는 것이지 다른 이의 마음을 조복받고 다른 이의 마음을 다스리는 것은 여러분들의 일이 아닙니다. 다른 사람들의 마음이 아닌 자신의 마음을 조복받으십시오. 우리는 늘 밖을 보고, 타인을 보며 '이 사람이 왜 이러나, 저 사람이 왜 저러나' 하고 마음의 초점을 그곳에 맞추고 얘기들을 하는데, 그것은 여러분들이 할 일이 아닙니다. 밖에는 수백 만의 어리석은 사람들이 있습니다. 여러분이 어떻게 할 수 있는 것이 아닙니다.

부처님께서는 자신의 마음에 대해서 말씀하셨습니다. 다른 사람들의 마음에 대해서 말씀하신 것이 아닙니다. 자신의 마음을 보아야 합니다. 그 사람들을 다 어떻게 할 수는 없습니다. 자신의 마음을 들여다보십시오. 자신의 마음을 조절해야 합니다. 마음은 항상 자신과 함께 있습니다. 늘 같이 있으니 다스리기 쉬울 수 있습니다. 다른 사람들의 마음이 아니라 자신의 마음을 조복받아야 합니다. 다른 사람들의 마음은 그냥 그대로 두십시오. 그것은 여러분이 어떻게 할 수 있는 것이 아닙니다. 사람들은 자신을 보지 못하고 늘 바깥만 바라보고 있습니다. 자신의 마음도 조복받지 못하면서 바깥의 주위 사람들에 대해서 계속 말하는 것은 정말 옳지 않습니다.

적천보살께서 말씀하시기를 "익힌다면 그 어떠한 것도 어려운 것이 없다."고 하셨습니다. 그래서 자신의 마음을 잘 조복받아 나가는 것, 그것 이상의 큰 공덕은 없다고 말씀하셨습니다. 마음을 조복받지 못한 수행자들이 많으면 불법에 별 도움이 되지 않습니다. 사람이 많다 하더라도 그 사람들이 자신의 마음을 조복받지 못했다면 별 의미가 없으며 자신도 불편하게 하고 타인에게도 자꾸 해를 주게 됩니다. 그래서 자신의 마음을 조복받는 것이 굉장히 중요합니다.

까담빠[10]에서 수행하시는 스타일을 보면, 그분들은 매일 명상을 하시는데 명상을 하다 보면 나쁜 생각이 일어나기도 하고 좋은 생각이 일어나기도 합니다. 그래서 앞에 흰 돌과 까만 돌을 갖다 놓고 나쁜 생각이 일어났을 때는 까만 돌을 하나, 좋은 생각이 일어났을 때는 흰 돌을 하나 놓으면서 명상을 합니다. 명상을 하면 여러 가지 번뇌가 일어나니까 이렇게 하다 보면 처음에는 까만 돌이 엄청나게 많고 흰 돌은 한두 개 정도밖에 없는데 나중에는 흰 돌이 엄청 많고 까만 돌이 한두 개밖에 없게 됩니다. 그렇게 수행을 하면서 저녁에 밥을 먹기 전에 돌을 본다고 합니다. 만약 까만 돌이 많으면 '너도 까맣고 나도 까맣구나. 밥을 먹어서 뭐하겠는가?' 하면서 아무 것도 먹지 않고 그냥 잡니다. 그 다음에 흰 돌이 많아지면 '너도 희어졌고 나도 희어졌구나.' 하면서 '그래, 맛있고 좋은 차를 끓이자.' 하고 좋은 차를 마시고 잠을 잡니다. 그렇게 수행을 하셨다고 합니다. 자신에게 일어나는 번뇌는 자신이 다스려야 하는 것이지 타인이 어떻게 해줄 수 있는 것이 아닙니다. 자신의 번뇌를 다스리는 것은 자신의 의무입니다.

---

10) 카담빠는 부처님의 말씀 중 한 단어도 흘림이 없이 모두 구결로 받들어 공부하는 학파로서 성 아띠쌰를 중심으로 하여 돔뙨빠께서 교맥을 열었다. 뽀또와, 짼아와, 푸충와 등의 주요 세 제자들이 그 기치를 높였으며 티벳의 모든 학파들이 까담빠 이후 더욱 발전된다. 까담빠 이전의 학파를 구파(닝마빠)라 하고 그 이후의 학파들을 신파(쌀마빠)라고 하는데 겔룩, 까규, 샤꺄빠가 후파에 해당한다.

우리가 '법을 성취한다, 법을 수행한다.'고 할 때 경전을 많이 읽는 것을 수행이라고 말하기 어렵고 큰 절에서 무언가를 하는 것도 수행이라고 말하기 어렵습니다. 물론 그런 것들도 수행이기는 하지만 수행의 가지입니다. 법의 곁가지입니다. 법의 진정한 주된 줄기와 둥지는 마음을 조복받는 것입니다.

'뽀또와 링리탕빠'라는 분은 늘 강가에 가서 우셨습니다. 모든 중생들이 가지고 있는 세 가지 고통(고고苦苦, 괴고壞苦, 행고行苦)을 어떻게 없애야 하는지를 생각하면서 늘 그렇게 우셨다고 합니다. 그 이야기를 듣고 어느 큰 스님께서 "아! 정말 그것입니다."라고 하시며 "짭쭈치오(སྐྱབས་སུ་མཆིའོ།)" 하시면서 귀의를 하셨습니다. 어떤 스님들은 경전에 대해 법문하시고 지혜를 밝히게 하는 말씀들을 많이 해 주시고 제자를 많이 두기도 하는데, 그것은 법의 곁가지로 이루어지면 좋고 안 되어도 상관이 없습니다. 하지만 우리들 마음에 자애나 연민, 보리심 등을 가지고 스스로의 마음을 자유롭고 자유자재하게 하는 것은 매우 중요합니다. '번뇌'나 '안·이·비·설·신·의'에 끌려가는 마음이 우리 본마음을 조절하는 것이 아니라 우리들 본래의 마음이 원숭이같이 날뛰는 마음을 조절하여 자유자재하게 되는 것, 그것이 우리가 해야 할 수행의 본체이고 최고로 공력이 큰 수행이 되는 것입니다.

시간이 다 된 것 같습니다. 제3대 캄뚤 린뽀체이신 성스러운 아왕 꾼가땐진께서 써 놓으신 마음에 대한 가르침인 '대수인, 순금과 같은 구결'에 대해서 설명을 드릴까 생각했는데 먼저 이러저러한 이야기를 하다 보니 지금은 시간이 안 됩니다. 내일 다시 모일 때 인연이 되면 할 것이고, 또 그때 봐서 다른 것이 필요하다 싶으면 다른 것을 말씀드리겠습니다.

제가 아르헨티나나 다른 곳에서 '대수인, 순금과 같은 구결'에 대해서 몇 번 법문을 했었습니다. 사실 저는 법문을 할 때 미리 준비해 오는 스타일이 아닙니다. 오는 사람들의 분위기나 수를 보고 오늘 이분들이 무엇이 필요할지 무엇을 좋아할지 상황을 봐서 말씀을 드리기 때문에 별 준비가 없었습니다. 저는 린뽀체의 시자로 왔고 지덕스님께서 법문을 해 달라고 청했기 때문에 안 한다고 하면 맞지 않는 것 같아서 오늘 법문을 했습니다. 혹시 질문이 있으면 하셔도 되고 내일 질문이 생기면 하셔도 되고 서로가 필요한 이야기를 하시면 되겠습니다.

2. 순금과 같은 구결

2018년 4월 10일 깜따시링 법당

따시종 캄빠갈 사원

CONCH SHELL
Thoughts of the Buddha

오늘 보니 새로운 분들이 보이십니다. 지금까지 계속 같이 법으로 와 계신 분들, 새로이 법으로 오신 분들 모두 길상하소서! 반갑습니다.

지금 우리는 매우 중요한 시간입니다. 보통 외국인들은 지금이 매우 바쁜 시간들입니다. 이렇게 바쁘고 중요한 시간에 법문을 들으러 오시고 시간 내주셔서 감사합니다. 제가 한국에 온 것은 이번이 두 번째입니다. 처음에는 로되 스님(캄따시링 부전스님)과 같이 왔었고, 이번엔 우리들의 영광스러운 스승님과 같이 왔습니다. 마침 스승님께서 나흘간 혼자 시간을 가지시겠다고 말씀을 하고 가셔서 우리들은 스승님을 떠나보내고 남을 수밖에 없었습니다. 따라서 여유 있는 시간이 있어서 제가 여러분과 이렇게 만나게 되었습니다.

저 자신은 나이가 많이 든 것에 비해 공부한 게 별로 없습니다. 그래서 아는 게 별로 없고 여러분께 말씀드릴 게 별로 없습니다. 사실 여러분들은 무엇이 필요합니까? 필요한 것이 별로 없을 것입니다. 더 이상 배워야 할 것이 별로 없습니다. 이미 많이 듣고 알고 계시기 때문입니다. 저보다 오히려 여러분들이 더 많이 알고 계실 것입니다. 더 이상 많이 배우는 것은 필요 없고, 중요한 건 수행하는 것이라고 생각합니다. 지금 수행에 집중하고, 수행을 하는 것이 더 중요합니다.

이분, 저분의 가르침들을 많이 듣다 보면 혼란스럽기만 합니다. '어떻게 해야 되지? 도대체 어떤 길을 가야 되지?'라는 생각이 일어나게 됩니다. 더 많은 시간을 수행에 투자해야 되는데, 그렇지 않고 일상 생활에서 산만해지는 것들을 많이 합니다. 여러분들은 지금 한 가지 수행, 한 스승님, 한 본존을 붙들고 집중적으로 들어가는 것이 필요합니다.

예를 들어 관세음보살님의 '옴마니받메훔'만 평생 꾸준히 하셔도 충분히 좋습니다. 그런데 우리는 '옴마니받메훔'을 하다가, 다음 순간 '옴아훔 벤자구루 빼마싯디 훔'을 하다가, '옴 따레 뚜따레 뚜레소하'를 하는 등 계속 그렇게 변해갑니다. 까규파 스승이 오시면 그쪽으로 가고, 닝마파나 겔룩파 스승이 오시면 또 그쪽으로 가고, 여기 저기 모임도 하는데, 그렇게 하다 보면 결정적인 결과물을 제대로 된 시간 내에 얻을 수 있을까 하는 것에 의심의 여지가 있습니다.

다르마(Dharma)는 슈퍼마켓에 나열된 상품이 아닙니다. 많은 것을 진열해 놓은 마켓에 가서 이것, 저것 고를 수 있는 그런 것이 아닙니다. 한 스승님을 구해서 한 본존과 한 법을 꾸준히 수행하는 것이 좋습니다. 인도의 샨티데바, 나가르주나 등 많은 분들은 한 분을 모시고 수행하셔서 성취하셨습니다. 수천의 본존을 모시고 수행을 하는 것보다 한 본존을 모시고 수행을 해서 얻는 결과가 더 빠르고 확실하며, 더 핵심으로 들어갈 수 있습니다.

우리 사바세계에는 법맥도 많고, 종파도 많고, 스승님도 많이 계십니다. 그 중 우리들은 내도인, 불교도인이라고 얘기합니다. 많은 종교와 종파가 있는데 크게 분류를 해보면 유물학파와 유심학파로 나눌 수 있습니다. 우리는 마음을 중요시하는 유심학파에 속합니다.

어제 제가 여러분께 여러 가지 말씀을 드렸는데, 가장 핵심은 마음입니다. 마음에 따라서 모든 것이 결정되고 달라질 수 있다고 말씀드렸습니다. 일체 만법은 다 마음입니다. 마음이 뭘 원하느냐에 따라서, 원하는 바가 안 좋으면 악업이 되고 원하는 바가 좋으면 선업이 됩니다.

외국의 어떤 학자들도 "좋거나 나쁜 것은 없다. 마음이 만드는 것이다"라고 이야기합니다. 제가 따시종에 있으면 저의 여동생은 "우리 오라버니 오셨네요."라고 하고, 스님들이나 학인들은 "선생님 오셨습니다, 캔뽀 오셨습니다."라고 하고, 조카들은 "우리 삼촌입니다."라고 얘기합니다. 사람들은 한 가지를 놓고 여러 가지 측면에서 봅니다. 한 법을 놓고 그것을 보는 것은 마음 상태에 따라 달리 보입니다. 제 부모님은 일찍 돌아가셨는데, 우리는 가족들과 유대관계가 강하기 때문에 부모님은 제가 오면 스님이 오신다는 느낌보다는 '아이고 내 아들이 왔구나!'라는 생각을 더 하셨습니다. 저는 스님이라서 부인이 없지만, 만일 저에게 부인이 있다면 '내 남편이 왔구나!'라고 생각할 것입니다. 다시 말하면 보는 방향, 마음가짐에 따라서 다르게 보인다는 것입니다.

여기 계시는 분들이 이해하는 상태가 다양하기 때문에 예를 들어 설명을 많이 드릴 수밖에 없습니다. 반야심경에 "이 몸은 비어 있는 것이다."라고 나와 있는데, 영리하신 분은 '몸이 없다고? 그러면 눈도 없고, 귀도 없고, 코도 없고 다 없는 거겠네, 느낌도 없는 거겠네!'라고 생각하시겠지만, 그렇지 못한 사람들은 "눈도 없는 거다. 코도 없는 거다. 입도 없는 거다."라고 이야기해야 이해할 수 있는 것처럼, 저도 여러분들의 상황에 따라서 자꾸 설명을 많이 하게 됩니다. 어떤 사람에게 "캔뽀님은 사람입니다."라고 하면, 둔하신 분이나 어린 아이들은 "그러면 우리도 사람인가요?"라고 묻지만, 영리한 사람들은 '캔뽀님이 사람이니까 우리도 다 사람이구나.'라고 알 수 있는 것과 같습니다.

부처님께서 8만 4천 가지 법을 설하신 이유도 사람의 상황에 따라서 법을 많이 설할 수밖에 없었기 때문입니다. 우리 안에 있는 핵심적인 번뇌의 뿌리가 되는 것은 세 가지(탐·진·치)입니다. 탐심을 제도하고 그것을 이해하고 벗어나게 하기 위해 2만 1천 가지, 진심에 2만 1천 가지, 치심에 2만 1천 가지, 그리고 탐·진·치가 복합된 번뇌에 대해 2만 1천 가지, 그래서 8만 4천 법을 설하게 되었다고 합니다.

아까 말씀드린 것처럼 이 세상의 많은 종파와 사상들을 보면 두 가지 흐름이 있는데, 유물학파와 유심학파입니다. 그 중 우리는 유심학파입니다. 만일 진정한 법과 이 우주의 실체가 물질이라면 그 전의 많은 사람들이 이미 다 사 버렸을 것입니다. 하지만 진리, 법은 물질이 아닙니다. 진리, 법은 마음입니다. 마음은 슈퍼마켓에서 살 수 없습니다. 마음은 우리가 원하는 행복입니다. 우리들의 마음에는 행복이 있습니다. 행복은 스스로 만들어야 합니다. 행복을 스스로 만든다는 것은 스스로를 바꿀 수 있어야만 행복을 만들 수 있게 된다는 것입니다.

몸 상태와 상관없이 마음을 우리 스스로 컨트롤하지 못해 내가 내 마음의 주인이 되지 못한다면, 우리는 법을 제대로 수행할 수 없습니다. 적천보살님께서 다음과 같이 말씀하셨습니다.

"마음을 잡고 다스릴 수 있으면 그것으로 충분하다. 수행, 법본, 본존, 종파, 모든 것이 마음을 잡기 위해서 만들어진 것이다."

마음이 좋은 상태라면 어딜 가든 좋고, 마음이 나쁘면 어딜 가든 기분 나쁩니다. 좋고 나쁜 외적인 것도 마음이 좋은 상태가 되면 다 좋은 쪽으로 돌아갑니다. 우리는 춤추고 노래하는 것을 좋아하고, 춤추고 노래하면 행복해진다고 이야기합니다. 하지만 만일 사랑하는 부모님 중 누군가 돌아가셨다면, 춤추고 노래한다고 행복해질 수도 없을 뿐만 아니라 누군가 춤추고 노래하라고 하면 그 사람을 죽이려고 할 것입니다. 이처럼 내 마음 상태에 따라서 달라지는 것이지, 외적인 상황에 의해 마음이 좋아지게 되는 것은 아닙니다.

이제 제3대 캄뚤 린뽀체 아왕 꾼가땐진께서 말씀해 놓으신 순금 같은 비결, 마음에 대한 가르침을 시작하겠습니다. 꾼가땐진께서 지으신 마음에 대한 비결을 '담악쎌슌마(གདམས་དག་གསེར་ཞུན་མ་)'라고 합니다. '쎌(གསེར་)'은 금이란 뜻이고, '슌마(ཞུན་མ་)'는 에센스, 정수라는 뜻입니다. 금을 끓여 정화시켜서 정수만 뽑아내고, 또 끓여서 정수만 뽑아낸 것이 '쎌슌마(གསེར་ཞུན་མ་)', 즉 순금입니다. 이는 아주 깨끗하고 정제되어 있으며, 최고의 것이고, 심오한 핵심입니다. 그것을 제가 설해드리겠습니다.

캄뚤 린뽀체께서는 현겁(우리가 머무르고 있는 이 겁을 좋은 겁, 현겁이라고 표현합니다.)의 제1대 부처님이신 구류손불의 화신이십니다. 1대 구류손불, 2대 구나함모니불, 3대 가섭불, 4대 석가모니 부처님이 계시는데, 그 중 1대 현겁 부처님이 지금 캄뚤 린뽀체의 전생입니다. 캄뚤 린뽀체께서 구류손불, 1대 부처님의 화신이라는 것을 여러분이 모르기 때문에 알려드리는 것입니다. 이렇게 말씀드리면 여러분 중에서는 아무 이유 없이 부정하는 경우가 있을 것입니다. 그러나 이는 우리 스승님이라서 이렇게 높이는 것이 아니라, 정말 그렇기 때문에 그렇다고 말씀드리는 것입니다.

또한 제3대 캄뚤 린뽀체 아왕 꾼가땐진께서는 구루 린뽀체, 그 자체이십니다. 부처님의 예언에 보면 확실히 나와 있습니다. 상독빨리(ཟངས་མདོག་དཔལ་རི, 적동산赤銅山)는 구루 린뽀체께서 계신 곳입니다. 누군가 상독빨리에 갔더니 구루 린뽀체께서 안 계셔서, "구루 린뽀체님은 어디 계세요?"라고 물으니 "응, 저쪽 인간계에 지금 가 계셔."라고 했는데, 그때 인간계에 가 계신 분이 바로 꾼가땐진, 제3대 캄뚤 린뽀체이십니다. 구루 린뽀체는 적동산에 계시고 꾼가땐진이 그분의 화현인 것이 아니라, '꾼가땐진께서 바로 구루 린뽀체이시다.'라는 것을 바로 아셔야 합니다.

성지인 초빼마 동굴에 계시는 구루 린뽀체 불상

이는 신심이 없이는 안 됩니다. 우리 어른들이 어떤 분인가 하는 것을 여러분께 말씀드려야 하는 이유는 여러분들께서 정확하게 실제를 아시고 믿음이 생겨야 하기 때문입니다. 믿음이 생기면 그 바탕 위에서 법을 듣고 수행을 하여 진정한 불과라는 열매를 만들어 낼 수 있지만, 믿음이 없는 상태에서 법을 듣는 것은 지식으로 흘러갈 뿐, 성불로 연결될 수 없습니다. 예를 들어서 탄 씨앗을 땅에 심고 아무리 잘 보호하며 영양분과 물을 준다 해도 거기에서 싹이 틀 수 없는 것과 같은 이치입니다.

"신심이 있는 분에게는 구루 린뽀체께서 문 안쪽에서 주무시고 계신다."라는 이야기도 있습니다. 제 생각에 여러분들은 신심이 있는 분들 같습니다. 여러분이 여기 한국에 계시는데 구루 린뽀체이신 캄뚤 린뽀체께서 오셨지 않습니까? 그것과 똑같습니다. 여기 있는 여러분 중 몇 분만 따시종에 가셨을 것이고, 아직 많은 분들이 인도에 안 가셨습니다. 그러나 이런 상황에서도 린뽀체께서 오셨고, 여러분들이 여기에 와 계시니 여러분들은 신심이 있는 분들인 것 같습니다. 우리 둑빠까규는 특히 신심을 굉장히 중요하게 여깁니다.

'나의 근본 스승님께서는 부처님 그 자체다.'라는 믿음이나 확신이 생긴다면, 그것으로 인해서 바로 불과를 얻게 됩니다. 우리가 스승님을 뵐 때 저절로 합장이 되고, 모공이 서거나 눈물이 흐르고, 가슴이 찡한 것 등 조작한 바가 아닌 저절로 일어나는 그런 느낌이 든다면 스승님께 신심이 있다는 증거입니다. 신심이 있어야 스승님이나 법에 대한 의미나 정수를 얻을 수 있습니다.

여러분이 만나시는 모든 어른들 또는 법에 있어서 진정한 정수를 얻으려고 한다면 여러분 안에 신심이 일어나야 합니다. 그렇기 때문에 신심이 일어날 수 있도록 방편을 써야 합니다. '제발 저에게 신심이 일어나게 하소서.'라고 간절하게 청원을 올려야 합니다. 스승님을 항상 생각하고, 스승님의 공덕을 생각하고, '어떻게 하면 내가 정말 스승님과 마음이 계합되고 신심이 일어날 수 있을까?' 하는 방법을 연구하고 계속 노력해야 합니다.

근본 스승님은 마음, 심장에 담아 놔야지, 모바일폰에 넣어 두면 안 됩니다. 여러분들께서 스승님을 핸드폰에 위챗이나 카톡 같은 곳에 담아 놓고 사방으로 보내는 것은 어떤 면에서는 좋은데, 어떤 면에서는 그렇게 할 필요도 없습니다. 스승님들께서는 당신들의 공덕으로 저절로 그렇게 되시는 것이기 때문에, 나와 심장이 둘이 아니듯 여러분들의 심장 안에 스승님을 모시고 찰나라도 스승님과 떨어지지 않아야 합니다. 스승님은 바로 법신, 보신, 화신이십니다. 그러한 스승님의 몸은 우리들의 근본 마음, 자성이며 우리 그 자체인 것입니다. 그렇게 스승님을 모셔야 합니다.

여러분께서 이번에 우리 법회를 알리기 위해서 여러 가지를 만들어 스승님에 대해 많은 사람이 알도록 한 것은 무량한 공덕입니다. 그것을 말씀드리는 것이 아닙니다. 법회를 위해서, 그리고 저를 도와서 많은 것들을 공지해주시는 것은 당연히 감사하고 공덕이 무량한 것입니다. 그게 아니라 장난 삼아 여기 저기 올리는 분들이 있는데, 그런 것들은 공덕이 아니라는 뜻입니다.

'뫼귀(མོས་གུས་)', 즉 '스승님에 대한 헌신'이라는 단어가 한국

말로 있습니까? 스승님의 명호만 들어도 스승님 생각이 나면서 심장이 뛰고, 호흡이 가빠져서 호흡을 내리고 마음을 안정시켜야 되는 그러한 것들을 헌신이라고 하는데, 스승님을 생각할 때 그렇게 해야 하는 것입니다.

쎌슌마의 첫째 문장은 "스승님께 공양합니다."라는 뜻입니다. 진정한 귀의처인 스승님은 우리를 속이지 않습니다. '우리에게 거짓을 말하지 않고, 우리를 잘못되게 이끌지 않는 분이다.'라는 신심을 가집니다. 우리들은 보통 자연(달, 하늘, 산 등)에 신심을 가지고 귀의하고 믿기도 합니다. 또는 제석천, 범천이나 높은 단계의 신들을 믿기도 하는데, 그런 분들은 우리를 속일 수 있지만 우리의 스승님들은 우리를 속이지 않습니다.

"절대 저를 속이지 않고 저를 잘못 이끌지 않는, 거짓 없는 성스러운 둑빠의 스승님, 당신들을 지금부터 저는 찰나도 여의지 아니하고 모시겠습니다"라는 문장에서 보면, "지금부터 당신들을 여의지 않겠습니다."라고 청원문을 올리는데, "끊이지 아니하고 계속 스승님께 청원을 올립니다."라는 내용이 참 중요합니다. 왜냐면 여러분이 여기 와서는 '불·법·승 삼보에 귀의합니다.'라고 생각하다가, 바깥에 나가서 차 키를 꼽는 순간 음악을 틀고 즐겁게 노래 부르며 행복하고 기쁘게 살기 때문입니다. 이는 끊임없이 청원을 올리는 상태가 아닙니다. 매일 끊

임없이 하는 것이 매우 중요합니다. 우리가 만약 매일 수행을
해 나간다면 일취월장할 수 있습니다. 오래 하지 않아도 하루
에 한 시간이든 십 분이든 끊이지 않고 하는 것이 굉장히 중요
합니다. 하루 했다가 삼일 안 하고, 반나절 했다가 일주일 안
하는 등 이렇게 하면 별로 효과가 없습니다.

"제가 지금부터 잠시도 스승님을 여의지 아니하고 끊임없이
청원을 올리겠습니다."라고 하는 것은 공양을 올리는 구절이
었고, 그 다음 말씀은 "법이 익숙해지도록 잘 익혀야 한다."는
것입니다. 지금 우리가 법이 익숙해지도록 계속 익혀 나가게
되면 다음 생에는 반드시 좋은 수행자가 됩니다. 지금 수행을
안 하고 익숙함을 익히지 않으면 미래에는 이것도 저것도 아닌
상태로 계속 가게 됩니다. 꾼가땐진께서 그 당시 그곳에 있는
제자들에게 하신 말씀으로 "지금부터 법이 익숙해지도록 익히
겠다면, 내가 중요한 세 가지 말을 하겠다."라고 하셨습니다.

"인신보배를 얻은 지금 이 기회에"라고 나오는데, 이는 인도
인, 한국인, 일본인, 영국인과 같이 인간의 몸이라는 것입니다.
지금 여러분들처럼 인간의 몸을 말합니다. 인간은 말할 수 있
고, 들어서 이해할 수 있는 존재라고 정의할 수 있습니다. 지금
우리는 말할 수 있고 들어서 이해할 수 있는 인신을 얻었다고
할 수 있습니다. 인신을 얻었다는 것은 그냥 어쩌다가 얻거나,
매번 계속 얻을 수 있거나, 어느 생에도 얻을 수 있거나, 그냥

내 어떤 업으로든, 인신의 몸을 얻게 해 달라는 발원이든 그런 것만으로 얻을 수 있는 것이 아닙니다. 많은 분야의 인과 연이 모여서 인간의 몸을 얻을 수 있습니다.

인신보배를 얻기가 어렵다는 것을 예를 들어서 설명해 놓으셨고, 숫자나 원인의 측면에서도 설명해 놓았습니다. 이는 적천보살의 입보리행론에 설명이 잘 되어 있습니다. 인신을 얻기가 얼마나 어려운지에 대해 예를 들어 놓은 이야기를 여러분들께서 다 아실 것입니다. 삼천 대천 세계의 큰 바다에 소 멍에가 바다 위를 정처 없이 떠돌아다니다가 백 년에 한 번씩 올라오는 눈 먼 거북이의 목에 끼는 그런 정도의 만남, 그 정도로 인신을 얻기가 어렵다는 것을 설명하고 있습니다.

숫자의 측면에서 보자면 세상에 벌레나 짐승들의 숫자가 얼마나 많겠습니까? 우리가 헤아릴 수 있겠습니까? 그런데 축생계보다도 아귀계, 아귀계보다도 지옥계가 훨씬 수가 많기 때문에 헤아릴 수가 없습니다. 그 많은 축생들에 비해서 인간의 숫자는 우리들 손톱 위에 얹을 수 있는 입자의 수만큼밖에 안 됩니다. 그러니 인간의 숫자가 얼마나 적습니까!

원인의 측면에서 인신을 얻기가 얼마나 어려운지에 대해서 말씀드리겠습니다. 원인의 측면이라는 것은 계율을 잘 지킨 그 원인에 의해서 보배스러운 인간의 몸을 얻게 되는 것입니다. 많은 인간들 중 10가지 불선업을 짓지 않고 선업만을 지어 나가는 사람은 거의 없습니다. 선업을 지켜 나가는 원인에 의해 그냥 인간의 몸이 아닌 보배스러운 인신을 얻게 됩니다. 10가지 불선업을 짓지 않고, 눅네 수행[11] 등을 하는 사람이 몇이나 있겠습니까? 이처럼 보배스러운 인간의 몸을 얻는 경우가 굉장히 적은 것을 알 수 있습니다.

우리가 진리를 이해하고 파악하는 데 있어서 현량, 비량, 성언량을 이야기합니다. 제가 신통이 있어서 여러분을 보고 "전생에 뭘 어떻게 해서 지금 인신을 얻었다."라고 말할 능력은 없습니다. 그러나 비량으로 보면, 여러분은 분명히 전생에 많은 공덕을 지었고, 계율을 지켰고, 수행을 했을 것입니다. 그건 제가 확실히 보장합니다. 스님들이 신통이 있을 거라고 기대를 하지만, 저는 없습니다. 저는 경전을 보는 사람입니다. 경전을 보면 비량을 어떻게 적용해 나가는지 잘 알 수 있습니다. 예를 들어 산 뒤쪽으로 연기가 일어나고 있다면, 그곳에는 분명히 불이 있습니다. 이는 확실한 것입니다. 이렇게 추측해서 분명히 알 수 있는 것이 비량입니다.

마찬가지로 여러분은 전생에 반드시 수행을 잘 했고, 계율을 잘 지켰고, 타인을 위한 일들을 많이 했습니다. 그랬기 때문에 이 자리에 지금 앉아 계시는 것입니다. 제가 100% 믿고

---

11) 팔관재계를 받아 금식하며 하는 수행

검증할 수 있습니다. 여러분이 운이 좋아서 수행자가 되신 것은 절대 아닙니다. 원인 없는 결과는 일어날 수 없습니다. 여러분이 지금 가지고 있는 이 결과는 전생에 선근을 닦고 계율을 지킨 것을 원인으로 한 것입니다. 그런데 그 결과는 지금밖에 없습니다. 또 있다고 기대할 수 없습니다.

우리들은 인신보배를 얻어서 여기에 와 있습니다. 전생에 무엇을 어떻게 했는지는 다 지나갔습니다. 그것으로 인해서 지금 행복이든 고통이든 받고 있으므로 과거는 나에게 더는 의미가 없습니다. 다 끝났습니다. 한국에 전생을 이야기하시는 분이 있다고 들었습니다. 전생에 뭘 했든 무슨 상관이 있습니까? 지금 이렇게 받은 것으로 끝났고, 이제 중요한 것은 '다음 생에 어떻게 태어날 것인가?' 하는 것입니다.

내가 축생으로 갈지, 인간으로 갈지, 아니면 수행자가 될지, 아라한이 될지, 천상에 태어날 것인지 그러한 것을 연구해야 하지 않겠습니까? 다음 생에 어디에 갈 것인지, 어떤 상태에 있을 것인지를 연구해야지, 지나간 것은 별로 의미가 없습니다. 우리는 불교인입니다. 불교는 인과가 확실한 철저한 과학입니다. 원인에 의해서 결과를 살피는 것이 불교이기 때문에, 그것을 살펴보면 다 알 수 있으므로 굳이 남을 의지할 이유가 없는 것입니다.

인신보배, 즉 법을 들을 수 있고 거기에 마음을 두고 있는

이 상태는 매우 얻기 어렵습니다. 얻기 어려운 것을 어렵게 얻었는데, 그것이 또한 의미가 크고 가치가 있습니다. 그런데 굉장히 얻기 어려우나 가치가 별로 없는 것들도 있습니다. 돈은 가치가 있고 쓸모가 있습니다. 우리 스님들이 수행하는데 돈이 없으면 안 되지 않겠습니까? 돈이 없으면 아무 것도 살 수 없습니다. 물론 큰 성취자는 돈이 돈 아닌 줄 알고 계시므로 돈이 필요 없습니다. 그러나 일반적인 우리에게 돈이라는 것은 어떤 면에서는 복덕, 복력입니다. 복력도 쓰기에 따라 다릅니다. 잘 쓰면 도움이 되고 나쁘게 쓰면 굉장히 나쁘게 됩니다. 예를 들어 법왕 같으신 분들이나 큰 스님들은 복력이 있기 때문에 법을 전파할 수가 있습니다.

그렇다면 힘들게 얻었는데 가치가 없는 것은 무엇일까요? 저는 경전에서 나온 부분들을 생각하고 말씀드렸습니다. 경전에 보면 토끼 뿔, 거북이 털, 허공 꽃(땅에 뿌리가 없는 허공의 꽃), 석녀石女의 아들이 나옵니다. 천억만 금을 준다 해도 거북이 털로 만든 옷은 얻을 수 없습니다. 얻기 어려우나 가치가 없는 헛된 것을 그렇게 표현한 것입니다. 여러분들이 생각하는 것 이상으로 너무나 귀하고 얻기 어려운 조건을 갖고 있는 것이 바로 법을 수행하고 있는 여러분들의 몸입니다. 얻을 수 없으면서도 가치가 없는 것은 토끼 뿔, 거북이 털, 허공의 꽃, 석녀의 아들입니다. 경전에서 이야기한 네 가지처럼 여러분들께서 예를 들어서 얘기할 수 있는 게 있습니까? 캔뽀님들께서 경전에 대해 말씀하실 때, "네, 맞습니다." 하고 그냥 받아들이면 안 됩니다. 그런지 안 그런지 살피고 관찰하고, 묻고, 얘기하고, 계속 분석해야 진짜 의미나 맛이 마음에 들어오게 됩니다.

매우 얻기 어려운 인신보배를 얻었지만 그 사람들 중에도 외적인 별해탈계를 지니고 기억하는 사람은 거의 없고, 내적인 보살계를 제대로 지켜 나가는 사람들도 거의 없으며, 비밀의 금강승계를 제대로 지켜 나가는 사람은 굉장히 드뭅니다. 이 세 가지 계율을 아십니까? 별해탈계 중에서 비구, 비구니계 말고 보통 우바새, 우바이인 재가 수행자계로 '5계'나 '4계' 같은 것이 있습니다. 보살계는 반드시 '5계', '4계'를 갖고 있어야 얻어지는 것이라서 보살계를 갖고 있다면 그것도 있다고 봐야 합니다. 여러분은 전부 다 관정을 받았기 때문에 금강승계는 이미 갖고 있습니다. 확실히 잘 몰라도 여러분에게는 금강승계가 있어야 하는 상태입니다. 관정을 받았으면 분명히 금강승의 계율이 동시에 들어갑니다.

세 가지 계율은 계단과 같습니다. 위로 올라가려면 단계를 밟아야 하듯이 반드시 기본적인 별해탈계가 있고, 그 다음에 보살계가 있게 되고 그 다음에 금강승계가 있습니다. 첫 번째가 별해탈계이고 그 다음에 보살계도 받았습니다. 『보리심을 일으키는 의궤의 정행』에서 서약한 게 있지 않습니까? 그것이

늘 보살계를 받는 것입니다. 그리고 관정을 받았으니 기본적으로 금강승계는 포함되어 있습니다. 이 세 가지 계율을 요약하면, 타인을 해치지 않는 마음인 별해탈계, 타인에게 이익을 주려는 보살계, 본질의 모습, 청정한 본연의 세계와 그 상태에 머무는 금강승계입니다.

물건에 집착하면 탐심이 일어나고, 타인을 싫어하여 해를 끼치고자 하면 진심이 일어납니다. 근본불교에서는 탐심의 번뇌들을 대치하기 위해서 2만 1천의 율장이 설해져 있습니다. 진심에 해당되는 번뇌를 대치하기 위해서 대승 보살계 경장이 2만 1천 가지 설해져 있습니다. 치심을 없애기 위해서 논장이 2만 1천 가지 설해져 있습니다. 탐·진·치 세 가지가 혼합된 번뇌를 대치하기 위해 금강승에 2만 1천 가지가 설해져 있습니다. 결국 2만 1천 가지에 4를 곱한 8만 4천 가지의 법이 모두 우리의 번뇌인 탐·진·치를 없애기 위해서 설해진 것입니다.

근본불교인 태국, 미얀마, 스리랑카 등의 분들은 굉장히 고요하고 마음을 잘 조복받아서 타인에게 해를 끼치거나 어렵게 하지 않고, 고요하고 평온하게 수행을 이어 나가는 방식을 갖추고 있습니다. 그분들은 욕망을 일으키지 않도록 한적하고 타인한테 거슬리지 않게 혼자 고요히 수행을 해 나가는 것을 욕망에 대한 대치법으로 쓰고 있습니다. 법복도 딱 세 벌만 가지게 되어 있습니다. (스리랑카, 미얀마는 물이 깨끗하지 않고 벌레도 많아서) 물 거름망과 물 정도만 갖고 다니시고, 자는 방도 들어가서 수행하고 잘 수 있는 정도로만 하고 좋은 방이나 여러 방은 쓰지 않으십니다. 부처님 당시에는 혼자 한 평 반이나 두 평 정도만 두고 수행하셨습니다. 이러한 분위기가 별해탈계를 지니는 상태입니다.

보살계는 남을 해치지 않고 가만히 수행하고 조용히 있는 것에서 좀 더 적극적으로 남을 위해 자신의 몸과 마음을 투자하고 헌신하는 쪽으로 나아갑니다. 네팔의 '나모붓다'라는 곳을 가면 다음과 같은 이야기가 있습니다. 부처님께서 어떤 왕으로 계실 때 어미 호랑이가 새끼를 낳고 힘이 없어서 새끼에게 젖을 먹일 수도 없이 죽어가고 있었는데, 부처님 전신 중의 한 분인 그분께서 자신의 몸을 보시하셨습니다. 몸을 보시해도 호랑이가 못 뜯어먹으니까 피를 내어 호랑이가 먹고 힘을 내게 해서 몸을 다 먹게 만들어 어미 호랑이와 새끼들을 살려주었다고 합니다. 이것이 보살계를 가지는 사람들의 마음가짐입니다.

그 다음에, 금강승계에서 제일 중요한 것은 이 사바세계와 우리 모두를 다 불보살님과 정토 그대로 보는 청정한 안목과 지견을 확실하게 가지는 것입니다. 그래서 기도를 할 때 만다라를 만듭니다. 어제 남쟐마 기도를 할 때도 만다라를 만들어 남쟐마와 권속들이 다 와 계시는 정토에서 법을 받았습니다.

남을 해치지 않고, 남에게 이익을 주고, '나와 남이 불보살님 그대로다.'라고 하는 이 세 가지 개념을 지니고 있는 사람은 굉장히 드뭅니다. 없는 것은 아니지만 굉장히 드뭅니다. 그래서 인신보배를 얻기 어렵다고 합니다. 위대하신 아띠샤 존자께서 "나는 내 평생에 별해탈계를 어긴 적이 한 번도 없다."라고 말씀하셨습니다. 이는 타인을 해롭게 할 생각을 한 번도 일으킨 적이 없다는 말씀입니다. 또한 "보살계 측면에 있어서는 몇 번 어기거나 잘못한 것이 있었다. 그렇지만 그것에 대해 시간 내에 반드시 참회를 했다. 그래서 내가 보살계를 어긴 상태로 남겨 둔 것은 하나도 없다. 그런데 금강승계는 사실 참 많이 못 지켰다."라고 말씀하셨습니다. 이 세 가지 계율에 대해서 하루 종일 이야기해도 다 말씀드리기가 어렵습니다.

제3대 캄뚤 린뽀체 꾼가땐진께서 말씀하시기를, "이러한 세 가지 계율을 다 지니고 있는 분들이 전혀 없다는 것은 아니지만, 아주 조금밖에 없다."고 하셨습니다. 이 세 가지 계율을 알고 지켜 나가는 사람이 몇 명이나 있습니까? 불법을 수행하는 사람이 몇 명이나 있습니까? 이 우주의 법칙, 진리 그대로인 불법을 이해하고 수행하고 있는 사람이 몇이나 됩니까? 그저 자신들이 생각하는 믿음이 아닌, 법과 진리를 제대로 알고 거기에 들어와 있는 사람이 몇이나 있습니까? 이 사바세계에서 수행을 하는 사람이 몇이나 있습니까? 불법인 중에서도 수행이라는 개념을 제대로 알고, 계율이 무엇인지 알고 수행해 나가는 사람이 몇이나 있습니까? 그러한 것들을 보면 다음 생에 인간 몸을 얼마나 얻을 수 있을지 알 수 있습니다. 2, 3년 전에 불교인 수가 5~6억 명이었다고 합니다. 그런데 불교인의 숫자가 중요한 게 아닙니다. 정말로 법을 이해하고 그것을 해 나가는 진정한 불교인, 불교인다운 불교인이 몇이나 있는지 생각해 봐야 할 문제입니다.

우리가 갖고 있는 이 몸이 여법한 몸인지 아닌지, 진짜 인신보배인지 아닌지 스스로 자기 몸을 한번 살펴봐야 할 것입니다. 여법한 인간의 몸은 8가지 여유가 없는 상태를 떠나 있고, 10가지 조건을 갖춘 상태를 말합니다. 그것이 나 자신에게 구족되어 있는지를 잘 살펴봐야 합니다. 8가지 여유가 없는 상태 중 지옥, 아귀, 축생에 태어나게 되면 공부나 수행은 생각도 못합니다. 지옥, 아귀, 축생이 아닌 인간이라도 수행이나 법을 모르고 그것에 대한 생각이 없다면 인신보배가 아닙니다.

8가지 수행을 할 수 없는 상태를 벗어났고, 또 수행을 할 수 있는 10가지 조건을 갖추고 있다면, 이러한 여법한 몸의 상태에서 무엇을 해야 합니까? 법다운 법을 수행해야 됩니다. 그냥 머리에서 생각하는 법이 아니라 정말 법다운 법을 알아야 합니다. 이러한 법다운 법, 실질적인 에센스를 그냥 입으로 수행한다고 하는 것이 아니라 정말 가슴 깊은 곳에서 법을 바르게 수행해야 하는 것입니다.

결국 여법한 몸을 가지고 여법한 법을 받을 수 있는 기회는 지금뿐입니다. 그러므로 해야 한다는 것을 생각해야 하고, 지금부터 몸으로 수행을 해야 합니다. 절을 하고, 탑이나 절을 돌고 해야 합니다. 요즘 걸어가면서 명상, 자면서 명상, 먹으면서 명상, 그런 것들이 많지 않습니까? 내일이나 모레로 연기하지 말고 이 조건들이 갖춰졌을 때 그 조건들을 낭비하지 않게끔 지금 당장 수행을 해야 할 것입니다. 이렇게 인신보배를 얻고 나서는 "언제 죽을지 모른다. 인과가 역연하다. 윤회계가 고통이다."라는 부분들을 생각해야 합니다.

시간이 다 되었으니 질문을 받겠습니다.

〈질문〉 남을 해롭게 하지 않는 것, 남을 이롭게 하는 것, 공성을 아는 것을 탐·진·치로 말씀하셨는데, 그 다음에 그걸 다 합치는 것을 이해 못하겠습니다.

〈답변〉 물을 찬 물 반, 뜨거운 물 반 섞은 것처럼, 이 업이 탐·진·치에 근거해서 나왔는데 확실하게 진심에서 나온 것인지 탐심에서 나온 것인지 말할 수 없는, 그것들이 섞여 있는 미세한 부분들에 대해서 얘기해 놓은 것이 2만 1천입니다.

〈질문〉 별해탈계가 출가자 계율과 재가자 계율을 통틀어서 말하고, 남을 해치지 않는 것이라고 알고 있었는데 맞습니까?

〈답변〉 비구계, 비구니계, 우바새계, 우바이계 전부 다 타인을 해치지 않는 측면에서 배워야 할 계목들이며, 그것을 별해탈계라고 얘기합니다.

〈질문〉 귀의할 때, '나모 구루' 다음이 무엇인가요?

〈답변〉 우리가 보통 삼보에 귀의한다고 할 때 삼보는 불·법·승 입니다. 보통 '나모 붓다야, 나모 다르마야, 나모 상가야'인데, 티벳 불교에서는 '나모 구루베'라고 해서 스승님, 불·법·승입니다. 근본불교의 어떤 큰 스님께서 제게 "당신들은 삼보에 귀의하는 게 아니고 사보에 귀의하지 않습니까?"라고 하셨습니다. 그래서 제가 "사보가 아니라 삼보입니다."라고 했더니 그분께서 "당신들은 '구루베'라고 하지 않습니까?"라고 하셨습니다. '나모 구루베'라고 하는 이유는 구루(스승)가 붓다에 속해 있기 때문입니다. 먼저 스승을 얘기하는 이유는, 부처님은 2,500년 전 어른이시고 우리는 지금 부처님을 만날 수 있는 선업, 선근이 없지만 스승님께서는 부처님께서 말씀해 주시는 모든 법을 다 그대로 직접 옆에서 일러주시는 은혜가 크기 때문입니다. 부처님께서는 법을 설해 놓으셨어도 지금 나에게 일러주시지 못하지만, 스승님은 지금 나에게 일러주시지 않습니까? 따라서 부처님과 공력은 같지만 은혜는 나에게 더 큽니다.

그래서 먼저 스승님을 부르고 그 다음에 불, 법, 승을 부르는 것입니다.

3. 마음, 명상, 관정 그리고 깜뚤 린뽀체
2018년 4월 14일 깜따시링 법당

무문관 수행자 똑댄 스님들과 함께 계신 제9대 깜뚤 린뽀체

ENDLESS KNOT (MANDALA)
Harmony

　여러분께서 오랫동안 기다려 주셨지만 조금 전에 린뽀체께
서 말씀해주신 내용보다 더 크게 말씀드릴 것은 없습니다. 우
리들은 같은 관정을 받은 금강 형제들로서 매우 심오하고 깊
은 인연을 지금 짓고 있습니다. 밀승의 길에 들어서서 한 만다
라를 조성하고 한 스승님으로부터 관정을 받은 이러한 인연들
을 금강 형제 자매라고 표현합니다. 밀승의 길에 들어선 우리
들은 같은 관정을 받음으로 인해서 같은 서약과 맹세를 한 것
입니다. 이처럼 같은 서약을 한 것은 굉장히 중요하고 핵심적
인 것이며 아주 의미가 깊습니다. 우리가 한 약속을 잘 지키면
굉장히 좋아질 것이고 그것을 지키지 못하면 그대로 지옥에

가게 되는 인연을 이미 지은 것입니다. 여러분들께서는 '서약, 맹세가 무엇이든 간에 그대로 지키겠습니다.'라고 동의를 했습니다. 관정가피법회 독송 법본 6페이지에 나와 있는 "스승님, 우리의 주이신 당신이 말씀하신 대로 그 모두를 다 실천하겠습니다."라는 내용을 여러분이 세 번 읽으셨습니다.

여러분은 바즈라 브라더, 즉 금강 형제가 되셨습니다. "당신이 말씀하신 대로 지키겠습니다."라고 직접 얘기한 것은 아니지만 오늘 관정을 받음으로써 가져야 하는 의무와 책임을 지겠다고 서약을 한 것이 됐습니다. '당신이 무슨 말씀을 하시든지 그대로 실천하겠다'고 이미 서약을 하신 것입니다. 린뽀체께서는 우리에게 어려운 것을 시키시는 것이 아니라 "잘 수행해라. 좋은 마음을 써라."라고 하십니다.

제 생각에는 여러분들이 굉장히 공덕이 많고 선근이 있는 것 같습니다. 이렇게 말씀드리는 이유는 여러분들이 사회적으로 무언가를 많이 이루었다는 의미가 아니라 여러분께서 인식을 하든 안 하든 부처님 그 자체이신 스승님을 만나서 법을 듣고 관정을 받는 것은 공덕과 선근이 없으면 이루어질 수 없는 것이기 때문입니다. 이전 생에 무수한 공덕과 선근을 쌓았기 때문에 지금 이 인신 중에서도 보배를 얻었고, 라마 중에서도 정말 여법하고 허물에 물든 적이 없고 가피력을 여법히 다 지니고 계시는 스승님을 만나서 법을 듣고 관정을 받고 있습니다. 이것은 여러분이 믿든 아니든, 알든 모르든 진정한 공덕과 복이 없으면 이루어질 수 없는 것입니다. 나 자신도 제가 이런 스승님을 만날 수 있는 것에 대해서 스스로 수희찬탄하고 너무나 대견스럽게 생각합니다.

우리들, 둑빠까규 제자들 사이에서는 "이 세상, 이 땅 위에 100분의 스승이 계신다. 즉 세상에 스승들이 매우 많으시지만 내 마음에는 오롯이 한 분뿐이다."라고 서로 이야기합니다. 이 땅 위에 수많은 종교들이 존재합니다. 기독교, 힌두교, 무슬림, 시크교, 불교 등이 있습니다. 불교 내에서도 근본불교, 대승불교, 금강승 등 많이 있습니다. 그러한 많은 종교 중에서 우리는 불교에 귀의하고 있습니다. 여러 가지 사상과 종교들을 나누어 보면, 외적인 물질을 핵심으로 보는 유물론자가 있으며 내적인 마음을 핵심으로 보는 유심론자가 있습니다. 만일 외적 물건이 핵심이라면 우리 티벳 불교도들은 아무 것도 아닙니다. 우리들은 아무 것도 없는 거지니까요. 그러나 불법에서는 내적인 마음이 더 중요하고 핵심입니다. 외적인 명성이나 부귀영화 등 외적으로 볼 때 뛰어난 많은 것들이 있지만 그것들은 핵심이 되지 못합니다.

내적인 마음이 핵심이라는 것에 대해서는 많은 이야기들과 역사, 그리고 많은 사실들이 증명하고 있습니다. 그리고 부처님께서도 마음이 핵심이라고 말씀을 많이 하셨습니다. 마음이 핵심이라는 것을 우리가 이해하도록 하기 위해서 부처님께서 8만 4천 가지 법문을 설하셨는데, 우리의 끊임없는 욕망이라는 번뇌에 대한 대치법으로 2만 1천 가지를 말씀하셨습니다. 욕망은 마음의 상태들입니다. 주위에 있는 물건 안에 욕망이나 욕구가 있습니까? 저 안에 집착이 있습니까? 물질 안에는 욕망이 없습니다. 물질에 의거해서 내적인 욕망이 일어납니다. 욕망은 마음에서 일으키는 것입니다. 그런 마음에서 일으키는 욕망들을 대처하는 방법으로 테라바다(근본불교)에서 부처님이 설하신 율장에 2만 1천 가지의 법문이 있습니다. 근본불교를 수행하는 곳은 타이완, 미얀마, 스리랑카 이런 곳들입니다.

그리고 경장에 진심을 제거하기 위한 여러 가지 방법들, 2만 1천 가지를 설하고 계십니다. '나'라는 주체가 적이라고 생각하는 대상을 반연해서 미워하는 마음을 일으키지 않습니까? 적이라는 인식에 의해서 진심을 일으킵니다. 그런 진심과 욕망에 대처하기 위해서 경, 율장을 설하셨습니다. 욕계, 색계, 무색계를 돌게 만드는 뿌리는 탐·진·치입니다. 그 다음에 무지를 대치하기 위해서 논장 2만 1천 가지를 설하셨습니다.

마지막으로 우리가 일으키는 번뇌들 중에 탐심, 진심, 치심이 섞여 뭐가 뭔지 잘 모르는 상태에서 일어나는 번뇌들에 대해서 통합적으로 대치하는 방법으로 2만 1천 가지를 설하셨습니다.

부처님께서 설하신 것을 숫자의 측면에서 보면 8만 4천 가지이고, 없애야 할 것은 탐·진·치이며, 그 대치법으로 율·경·론을 설하신 것입니다. 부처님의 8만 4천 법문을 들어보면 참 오묘하고 재미있는데 우리가 이것을 전부 다 공부할 수 있는 시간이 없고, 시간이 있다 해도 그것을 설해주실 수 있는 선지식을 만나기도 어렵고, 선지식을 만나 그것이 설해진다고 한들 이해를 하기도 어렵습니다. 확실히 그렇습니다. 저도 그렇습니다. 저도 8만 4천 가지 법문을 다 모르지만 네 구절 안에 다 요약해서 말씀해 놓으셨습니다.

|སྡིག་པ་ཅི་ཡང་མི་བྱ་ཞིང་། | |དགེ་བ་ཕུན་སུམ་ཚོགས་པར་སྤྱད། |
딕빠찌양미쟈싱 게와푼쑴촉빨째
악업은 하나라도 짓지 말고 선업을 원만구족하게 갖추어서
|རང་གི་སེམས་ནི་ཡོངས་སུ་འདུལ། | |འདི་ནི་སངས་རྒྱས་བསྟན་པ་ཡིན། |
랑기쎔니용쑤둘 디니쌍쟤땐빠인
나의 마음을 완전히 조복받는 것, 이것이 부처님의 법이다.

8만 4천 법문의 에센스가 이것입니다. '딕빠찌양미쟈싱'은 부처님께서 설하신 8만 4천 가지 중 처음의 2만 1천 가지에 속합니다. '게와푼쑴촉빨째'는 부처님께서 진심을 대치하는 방법으로 대승의 수행자에게 설하신 2만 1천 가지에 속합니다.

'랑기쎔니용쑤둘'은 자신의 마음을 온전히 제도하는 것, 조복 받는 것으로 세 번째 2만 1천 가지가 됩니다. '디니쌍쟤땐빠인'에서 악업을 없애는 것을 보면 몸으로 절을 하고, 꼴와를 돌고, 그 다음에 만달라 올리는 것이 있고, 또 입으로는 진언을 하는 것이 있습니다. 이것이 다 몸과 말과 마음으로 지은 악업을 정화하는 것입니다.

티벳에 "기분이 좋을 때는 다 보살이다."라는 말이 있습니다. 여러분들은 지금은 다 보살님이시죠. 기분이 좋을 때나 뭔가 일이 잘 돌아갈 때는 보살처럼 되어 있다가 뭔가 제대로 안 되거나 사고도 일어나고 갑자기 예상 못한 장애를 만나게 되면 바로 진심이 일어나고 뱀 중에 가장 무서운 독사의 왕인 코브라처럼 됩니다. 코브라를 찌르면 코브라가 어떻게 반응을 합니까? 우리 마음은 코브라처럼 항상 그럴 준비를 하고 있습니다. 우리 마음이 그렇습니다. 우리 마음을 한번 보세요. 눈을 감고 몇 분 동안 마음을 보세요.

매우 위험한 것이 우리의 마음입니다. 일반적으로 우리 마음은 평상시에 선업이나 악업에 별로 관심이 없습니다. 몸 안에 있는 힘줄이 불에 타들어가면 뭉쳐지는 것처럼 평상시 우리 마음은 가만히 있다가 무슨 일이 생기면 그와 같이 됩니다. 우리들의 마음을 가만히 살펴보면 잠시 신심을 일으키기는 하는데, 그 신심이 얼마나 길게 가는지는 한 번 살펴보아야 합니다. 신심을 일으키기는 하는데 옆에서 다른 일이 생기면 바로 사라지고 누가 무슨 말을 하면 그 신심은 바로 다른 것으로 바뀌고 다른 사람의 허물을 말하게 됩니다. 늘 밖을 쳐다보면서 "저 사람이 저렇게 하는 것은 잘못했네, 왜 저러나." 하면서 얘기를 하고, 다른 누가 무슨 일을 할 때 어떻게 하면 허물을 끄집어낼까 그것만 연구하면서 자신의 허물은 돌아보지도 않는 것이 우리들의 마음입니다. 이러한 우리들의 마음을 보면 참으로 독毒이나 독사보다 무섭다는 생각이 듭니다.

그래서 자신의 마음을 다스리는 것이 매우 중요합니다. 외적인 상황을 보고 그에 대해 자꾸 말을 하는 것은 진정 업만 짓고 나쁜 짓만 하는 것이지 좋은 일이 못 됩니다. 밖에서 일어나는 외적인 일은 자신이 어떻게 하지 못합니다. 예를 들어 비가 오는데 왜 비가 오냐고 시비를 걸고 비를 못 오게 막으려고 할 수 있습니까? 비가 오면 그냥 우산을 쓰면 됩니다. 결국 자기 마음을 다스려야 하는 것입니다. 태양의 햇살이 강하다고 거기다 시비를 걸고, 왜 햇살이 강하냐고 불평해봤자 자신만 힘듭니다. 그냥 썬글라스를 끼면 됩니다.

이 말의 핵심은 외적인 것은 내가 바꾸지 못한다는 것입니다. 본인을 바꾸십시오. 어떤 사람들이 물고기나 다른 생명체를 잡는데, 거기에 가서 생명을 죽이지 말라고 하면서 돌아다닌들 막을 수 있는 것이 아닙니다. 인구가 얼마나 많습니까?

일일이 막고 시비를 걸면서 돌아다니다 보면 자신이 미칩니다. 그렇게 하지 말고 나부터 안 죽이면 됩니다. 우리 각자가 생명을 죽이지 않으면 됩니다.

적천보살께서 경전에 말씀해 놓으셨습니다. 길에 돌과 가시 등 여러 가지가 많아서 발이 걸리고 다치고 하니까 길 전부에다가 가죽을 깔아야겠다고 생각을 한다면 그렇게 할 수가 없습니다. 그냥 자기 발에 가죽 신발을 신으면 됩니다. 가죽 신발을 잘 신고 있으면, 어디를 가더라도 길에 가죽이 깔려 있는 것이 됩니다. 모든 현상이 다 그렇습니다. 불법의 종파는 돈이 많은 것도 아닌데 그것을 다 고치려고 하면 한이 없습니다. 자신부터 고치면 됩니다.

부처님께서는 각자 노력하여 마음을 온전히 조복받으라고 하셨습니다. 다른 사람의 마음이 아닌 자신의 마음을 조절하라고 하셨습니다. 다른 사람들의 마음은 그대로 놓아두십시오. 우리는 다른 사람들의 마음을 지배할 수 없습니다. 그것은 우리가 할 수 있는 일이 아닙니다. 자신의 마음을 이해하고 자신의 마음을 정복하십시오. 그것이 부처님 가르침의 핵심입니다. 다른 사람의 마음을 바꾸려고 다른 사람이 하는 일에 시비를 거는 것은 우리들이 할 일이 아닙니다. 다른 사람의 마음을 지배하고 관여하고 간섭하는 것이 아니라, 자신의 마음을 조복받고 수순시키라는 것이 부처님 말씀의 핵심입니다.

그래서 우리들의 마음을 해탈, 조복, 수순시키는 방법으로 설하신 것이 경, 율, 론 삼장입니다. 밀승, 근본승, 대승 어떠한 것이든 간에 수행을 해 나가는 핵심적인 방편은 바로 익히는 것, 수행하는 것입니다. 우리들의 마음을 조복받을 수 있도록 익혀 나가는 것이 삼승에서 모두 시키고 있는 방편입니다. 우리 마음을 수순시키고 조복받을 수 있는 방법, 완벽한 우리 마음의 본성 그대로를 일으켜 현현할 수 있는 방법 등 수행하는 여러 가지 방법들을 부처님께서 아주 많이 말씀해 놓으셨습니다.

이 모든 말씀들을 요약하면 선정과 수승한 지견 두 가지로 얘기할 수 있습니다. 다시 말해 지止, 관觀으로 얘기할 수 있습니다. 선정을 닦는 것도 일반적인 상황에서 선정을 닦게 하는 방법과 대수인의 입장에서 선정을 닦게 하는 방법 등이 있습니다. 먼저 우리들은 반드시 선정을 닦는 것이 필요합니다. 선정이 필요한 이유는 우리들의 마음을 가만히 보면 잠시도 고요하게 머물러 있지 않기 때문입니다. 마음은 고요히 머물러 있지 못하면서 계속 찰나 찰나 일어나는 번뇌들에 끌려 다닙니다. 먼저 마음을 조금이라도 고요히 머무르게 하고 번뇌에 끌려 다니지 않게 하는 것이 필요합니다.

일반적으로 선정이란 이런 것입니다. 우리의 마음에 아무 일도 시키지 말고 마음이 어떻게 움직이든, 어떤 상태에 있든 그냥 그대로 두어 보십시오. 어떠한 것도 생각하지 말고 생각을 일으키지 말고 그냥 마음을 그대로 둡니다. 그러면 어떤 번뇌도 없이 마음이 편안하고 고요하게 있습니다. 고요히 머물러 있습니다. 보통 아무 것도 하지 말고 가만히 있으라고 하면 산만해지기 쉬운데 그렇게 산만하게 있는 것은 안 됩니다.

'마찍랍둔마'께서 말씀하시기를, "약간 긴장하고 집중을 하되 편안하게 느긋이 하라."고 하셨는데 그것이 핵심입니다. 마찍랍둔마는 명상에 대해 두 가지 요점을 말씀하셨는데 저는 그 말을 매우 좋아합니다.

"선명하게 집중하라, 집중하라. 그리고 이완하라, 이완하라."

이것이 명상의 초점입니다. 선명하게 집중하세요. 졸지 말고 집중하세요. 생각을 많이 할 필요가 없습니다. 선명하게 집중하세요. 그리고 이완하세요. 너무 억지로 하지는 말고, 마음 속에서 초롱초롱하게 있으세요. 집중하고 이완하고 그렇게 해 나가는 것입니다. 마음은 여러 가지를 하고 싶어합니다. 하지만 그것은 도움이 안 됩니다. 집중하고 깨어 있는 것이 필요합니다. 그것이 명상입니다. 명상이 어렵다고 생각하는 분들도 있습니다. 명상은 린뽀체나 스님들이 하시는 것이라고 생각하는 분들도 있는데 이는 잘못된 생각입니다. 여러분들도 하실 수 있습니다.

즉 주의를 기울이고 집중하는데 긴장을 풀고 편하게 하고 생각을 많이 하지 말라는 것입니다. 우리는 생각과 마음을 똑같은 것으로 보는데 가만히 마음을 머무르는 연습을 해보면 생각과 마음이 다르다는 것을 알 수 있습니다. 생각하지 말고 마음의 본모습 그대로 조금이라도 가만히 두고 가만히 있어보세요.

여러분은 태극권을 해보셨나요? 태극권을 하면 참 재미있습니다. 몸을 돌리면서 몸의 흐름과 기의 흐름을 보게 됩니다. 몸에는 기와, 기가 다니는 '짜(ཙ 맥)'와, '틱레(ཐིག་ལེ 명점)'가 있습니다. 마하무드라 수행, 나로육성취법 수행 등 모두 다 기·맥·명점을 가지고 있지 않은 게 없습니다.

이와 비슷하게 우리는 금강 라마댄싱이 있습니다. 태극권과 동작이 많이 비슷합니다. 저는 어렸을 때 라마댄싱을 잘했습니다. 그래서 젊은 라마들에게 라마댄싱을 가르치기도 합니다. 라마댄싱의 모든 동작들은 의미를 가지고 있습니다. 내가 팔을 이렇게 흔들고 싶어서 흔드는 것이 아니고 다 의미가 있는 것입니다. 마음대로 하면 안 됩니다. 이것은 밀법입니다. 움직일 때 마음 속에서 먼저 손을 움직이고 그 다음 실제로 손을 움직입니다. 기본적으로 기·맥·명점을 다 인식하면서 해야 하는 것입니다. 모든 것이 기와 맥과 명점으로 가는데, 그것을

캄빠갈 사원에서 매년 행하는 라마댄싱

다 관상을 하면서 하는 것입니다. 그것이 라마댄싱이고 명상입니다. 기·맥·명점을 잘 다스리고 고요하게 두는 것이 바로 명상 수행입니다. 인도나 티벳에서는 동굴로 가서 수행을 하는데, 여러분들은 굳이 동굴로 갈 필요가 없습니다. 여러분의 방 안에서 여러분의 기·맥·명점을 잘 다스릴 수 있으면 그대로 수행이 되는 것입니다.

지덕스님께서 저에게 청하기로는 관정을 받고 나서 필요한 부분들 중 생기차제 수행이나 본존 수행 그리고 서약에 대해서 설명해 달라고 하셨는데, 저는 법좌에 앉으면 생각나는 대로 얘기를 합니다.

(지덕스님 : 캔뽀님께 무엇을 부탁하면 여러분의 근기를 보고 법

문하신다는 것 같습니다. 아르헨티나 해외 전법을 하실 때도 미리 준비하지 않으셨다고 합니다.)

이곳에 와서 마음이 가는 대로 법을 설합니다. 여러분도 법을 들으실 때 편안하고 느긋하게 앉아서 가족처럼 화기애애하게 서로 대화하고 질문도 하고 그렇게 하셨으면 합니다. 너무 머리를 많이 쓰지 말고 편안하게 가슴으로 받아들여지도록 그렇게 하면 좋겠습니다. 라마니까 억지로 존경하는 마음을 만들어서 받아들여야 한다고 생각하지 마시고 편안하게 하시면 됩니다. 우리 모두가 다 같습니다. 제가 지금은 여러분에게 법을 설하고 있지만, 조금 전에는 저도 린뽀체를 모시고 법을 듣고 있지 않았습니까? 제가 잠시 설할 기회를 얻었을 뿐이지, 우리 모두는 한 가족이니까 가족처럼 서로 법을 주고받고 했으면 좋겠습니다.

우리가 관정을 받을 때나 법을 들을 때나 수행을 할 때나 몸이 앉아 있는 방식이 굉장히 중요합니다. 몸이 쫙 뻗어져 있는 것이 중요한데, 허리를 굽히고 있으면 바로 졸립니다. 허리를 쭉 펴고 있으십시오.

비로자나 칠지좌법 아시지요? 몸을 똑바로 펴야 합니다. 몸이 앉아 있는 자세는 초보자에게 매우 중요합니다. 명상을 아주 숙련되게 하게 되면 잠을 자면서도 명상할 수 있습니다. 정말입니다. 걸으면서도 명상을 하고, 먹으면서도 명상을 하고,

자면서도 다 명상이 됩니다. 모든 것이 명상이 될 수 있습니다. 먹는 명상은 먹는 것에 주의를 기울이는 것입니다. 무엇을 먹든지, 어떻게 먹든지 간에 먹는 것에 주의를 기울입니다. 여러분이 하시는 모든 것에 다 주의를 기울인다면 그것 역시 명상입니다. 그러나 그렇게 되기까지는 먼저 몸의 자세를 비로자나 칠지좌법으로 하는 것이 초보자가 수행을 익히는데 좋습니다. 그리고 그 다음에 만다라의 의미에 대해서 알려드리고 싶습니다.

먼저 몸을 똑바로 곧게 펴야 합니다. 몸에는 기본적으로 세 가지 맥이 있기 때문입니다. 몸의 중심에 중맥, 우맥, 좌맥이 있습니다. 그 중맥, 우맥, 좌맥은 배쪽에 있는 것이 아니라 약간 등쪽 가까이에 있습니다. 우맥은 약간 붉은빛이고 좌맥은 흰빛입니다. 중맥인 '우마'는 붉은빛이며, 중도(마디아미카)라는 뜻입니다. 우, 좌맥을 티벳어로 '숭진(གཟུང་འཛིན་ 집착)'이라고 합니다. 이는 외적 집執의 대상(색·성·향·미·촉)과 내적 착심着心 즉, 외부의 사물, 소리, 향, 맛, 촉감들에 대한 분별과 그에 의한 내적 인식의 마음입니다. 예를 들어 외적인 기둥 같은 것들은 '숭와(གཟུང་བ་)'인 번뇌(집執)이고, 그것에 의해 일어나는 내적 인식에 의한 번뇌들은 '진빠(འཛིན་པ་)'인 분별(착着)이라고 합니다.

몸을 굽히고 있으면 안 됩니다. 몸을 바로 세워야 합니다. 세우지 않으면 중맥, 우맥, 좌맥이 접히기 때문에 졸립니다. 이는 마치 우리가 빨대로 콜라를 들이마실 때 빨대가 접혀 있으면 콜라가 입에 안 들어오는 것과 같습니다. 빨대가 펴져야 들이마시기가 쉽습니다. 숨을 잘 쉬기 위해서 몸을 똑바로 펴고 있어야 합니다. 곧게 앉아 있어야 맥이 바로 펴져서 쉽게 호흡을 들이마시고 내쉬고 할 수 있습니다. 이렇게 호흡을 들이마시고 내쉽니다. 그리고 호흡을 머금습니다. 에너지를 이곳에 잡고 있으십시오. 호흡을 머금고 있다가 또 호흡을 내쉽니다. 명상할 때의 관상은 다른 것입니다. 이것은 둑빠까규의 깜빠갈 사원의 특별한 전승입니다. 다른 곳에서는 하지 않습니다. 이것을 지금 여러분께 가르쳐 드립니다. 하지만 이후에 무엇을 하든지 여러분이 원하는 것을 선택하고 하셔도 됩니다.

엄지손가락으로 네 번째 손가락의 마지막 마디 끝을 누르고 주먹을 쥐는 것은 마음이 밖으로 나가는 것을 막는 데 좀 도움이 됩니다. 좌·우맥은 일반적으로 호흡을 할 때 대상과 주체의 채널입니다. 손가락 마디를 누르는 것은 마음을 닫는 것입니다. 좌·우맥이 마음과 관련이 있기 때문에 마음이 외적인 대상을 따라가지 않게 하는 데 도움이 됩니다. 그것을 막고 온 사방으로 돌아다니는 마음, 예를 들면 슈퍼마켓에 가고 사업에 신경쓰고 하는 등의 돌아다니는 마음을 거두어 들여서 호흡을 하고 수행을 할 수 있도록 하기 위한 방법이 손가락을 이렇게 하는 것입니다. 때로는 명상을 할 때 마음이 불상이나 흰색

'옴(ꣳ)'자, 파란색 '훙(ꣶ)'자 등의 대상에 늘 머물러 있지 않습니다. 근본승이나 대승에서도 몸을 똑바로 세우라고 하는데, 이는 번뇌를 막는 데 도움이 됩니다. 허리를 쭉 펴고 명상을 하면 좋습니다.

비로자나 칠지좌법의 첫째는 결가부좌를 하는 것이고, 둘째는 등뼈와 중맥을 곧게 세우는 것입니다. 셋째는 팔을 쭉 뻗는 것입니다. 상징 정도로만 자세를 갖추고 너무 강하게 하지 말고 부드럽게 놓고 편안히 계시면 됩니다. 넷째는 가슴이 열리도록 쭉 폅니다. 일본 스모하는 사람들처럼 하십시오. 다섯째는 목을 약간 당깁니다. 여섯째는 이빨을 약간 벌리고 혀를 입천장에 살짝 붙이고, 일곱째로 눈은 열두 마디 앞을 봅니다.

어떤 수행을 하든 기본적인 자세가 이 비로자나 칠지좌법입니다. 겔룩파에서는 비로자나 팔법이라고 해서 비로자나 칠지좌법에 호흡을 세는 것을 포함합니다. 까규파는 비로자나 칠지좌법에서 몸에 대해서만 하고 호흡은 자연스럽게 내버려 두고, 겔룩파의 팔법에는 호흡하는 것을 포함합니다. 그것은 각 전승조사 스님들이 가르치는 방식의 차이일 뿐이며 좋고 나쁨이 없습니다.

보통 서양 사람들이 법을 듣는 방식이 좋은 것 같습니다. 동양에서는 스승에 대한 신심과 헌신으로 너무 긴장하고 듣는데, 편안하고 느긋하게 하고 자연스럽게 자신의 상황에 맞게 듣는 것이 다음에 법을 들으러 오기 쉽게 만듭니다. 보통 부모님들이 스승님에 대한 신심이 강해서 관정이 있다고 하면 아이들이 가고 싶어 하지 않는데도 꼭 데려와서 강제로 앉혀놓곤 합니다. 그래서 아이들이 불법을 별로 안 좋아하는 경우가 있습니다. 토요일이나 일요일에 교회에서는 신도들이 오면 여러 가지 재미있는 프로그램을 많이 만들어 즐겁게 먹고 마시고 놀고 춤추고 하지요. 그래서 많은 사람들이 갑니다. 그런데 불교는 너무 타이트합니다. 지금 우리가 앉아 있는 것처럼 좁은 공간에 앉아서 서로 부딪히게 하는 것은 아이들에게는 너무나 견디기 힘들고 불편한 것입니다. 그들은 불교의 핵심을 모릅니다. 따라서 아이들이나 친구들에게 강요하지 않는 것이 좋습니다. 좋아해서 온다면 언제나 환영입니다. 하지만 강요하지는 마세요. 린뽀체나 스님이 오시니 "가자, 가자"하고 강요하지 마세요.

부처님께서 말씀하시기를 "내 법도 그냥 믿지 마라. 금을 깨보고, 물어보고, 녹여보고, 찔러보고, 달아보아 순금인지 아닌지 살피듯이 내 법이 진정 사실인지 아닌지, 온 우주의 법과 섭리에 마땅한 것인지 아닌지 잘 살펴보라. 그냥 믿지 마라."하셨습니다. 부처님께서 말씀하신 법은 다 마음에 달려 있으므로 외적으로 너무 모양을 갖추려고 하지 않아도 됩니다.

인도에서는 '고엔까'가 유명하죠? 모든 수행은 지와 관이 중요한데, 지는 삼매를 닦는 것이고 관은 위빠사나입니다. 고엔까 지도자는 위빠사나를 많이 가르칩니다. 10일 과정으로 위빠사나를 가르치신다고 하는데 저도 그분이 가르치는 방식이나 스타일을 참 좋아합니다. 남아메리카에 갔을 때 경험해본 적이 있습니다. 그런데 고엔까가 가르치는 위빠사나는 위빠사나의 한 부분이지 온전한 위빠사나는 아닙니다. 대승 금강승에서 하는 마하무드라는 온전한 위빠사나입니다. 대중적으로 하다보면 그런 부분이 있습니다. 위빠사나 센터에 가보면 모바일 폰이나 책 등을 절대 가져가면 안 되는데, 덕분에 마음이 편안해지고 여유로워집니다. 관정을 받거나 기·맥·명점 수행에 대해서 얘기하거나 그런 건 없음에도 불구하고 굉장히 마음을 평온하고 고요하게 수행합니다.

인도 사람들의 위빠사나 관과 금강승에서의 위빠사나 관은 조금 다릅니다. 위빠사나를 인도어로 이야기하면 '보다'라는 말입니다. 무엇을 볼까요? 영화를 보라는 말이 아니고, 여러분 호흡의 오고 감을 보는 것입니다. 호흡이 들어오면 들어오는 것을 보고, 호흡이 나가면 나가는 것을 보고, 호흡을 머금으면 머금은 것을 보십시오. 단지 지켜보십시오. 우리들의 지·관 방식에는 생기차제와 원만차제가 있습니다. 생기차제는 우리들의 일반적인 범부의 범속한 몸을 정화해서 청정한 본존의 신·구·의 삼문으로 만드는 것을 말합니다. 원만차제는 일으킨 모든 것을 하나로 섭수하는 구경차제입니다.

법을 설하실 때 일어나는 특별한 공덕들, 특성들이 있습니다. 부처님께서는 한 가지 말로 하나를 설하시는데, 듣는 사람들에게는 각자에게 필요한 방식으로 들렸습니다. 예를 들어서 생기차제 수행을 설명하시려고 하는데 어떤 분이 전생 깜뚤린뽀체나 헌신에 대해 듣고 싶다고 하면, 부처님은 생기차제에 대해서 설명하지만 그 사람은 자신이 원하는 대로 법문이 들린다고 합니다. 부처님은 생기차제 수행을 설하시지만 저쪽에서 원만차제를 듣고 싶으면 원만차제로 들리고, 구루요가를 듣고 싶다고 하면 구루요가로 변해서 들린다고 합니다. 부처님께서 어떤 사람들에게는 생기차제를 설해주시고 어떤 사람들에게는 구루요가를 설해주시고 또 다른 사람들에게는 만다라에 대해서 설해주시고 하는 것이 아닙니다. 저는 그렇게 안 되지만 부처님께서는 한 가지 말씀을 하셔도 여러 사람들에게 필요한 대로 다르게 들렸고 그것이 부처님이 가지신 특성 중의 하나입니다.

'리틀 붓다'라는 영화 아시지요? 작은 부처님이라는 뜻입니다. 제목을 그렇게 붙인 것인데 실은 부처님 앞에 '작다'라는 말을 붙일 수 없습니다. 부처님은 너무 광대무변하며 광활하고 헤아릴 수 없습니다. '리틀 붓다' 영화를 통해 많은 분들이 부처님의 전기를 알게 되어 참 좋긴 한데 정말 잘못된 것이 여러 가지 있습니다. 예를 들어 마야 부인께서 부처님을 낳으실 때

산통을 겪는 것이 나오는데 절대 그러지 않으셨습니다. 부처님이 태어나실 때 어머님 몸은 최고의 행복을 느끼셨습니다. 부처님이 태어나실 때는 보통 범부가 태어나듯이 그렇지 않았습니다. 내용이 잘못되어 있습니다. 마야 부인께서 태내에 부처님을 잉태하고 계실 때 부처님을 잉태하고 계시는 힘 때문에 아프고 고통받는 사람의 머리에 손만 얹어도 그 사람의 고통과 아픔이 다 사라졌습니다. 그리고 산통을 겪어서 아기를 못 낳고 있는 난산의 상황에 있는 사람에게 손을 얹으면 아기가 편하게 나왔습니다. 이처럼 희유난득한 일이 헤아릴 수 없이 많은데 그런 내용을 영화에서는 제대로 표현을 못했습니다.

어제 지덕스님께서 제게 법문을 부탁하실 때 관정을 받고 난 후의 서약과 맹세 그리고 생기차제에 대해서 얘기해달라고 하셨기 때문에 그것을 먼저 간단하게 설명해 드리겠습니다. 여러분은 오늘 토추 야만타까(문수 분노존)의 요약된 관정을 받으셨습니다. 이제 여러분은 린뽀체로부터 힘을 얻은 것입니다. 관정을 받는 것은 힘과 권한 그리고 수행할 허가를 받는 것입니다. 즉 린뽀체로부터 힘과 가피를 받으셨고, 여러분 자신의 몸을 바로 토추 야만타까로 관상해서 수행할 수 있도록 권한과 허가를 받으셨습니다. 관정이나 구전 없이는 수행을 할 수 없고, 수행을 하고 싶어서 그냥 한다 해도 효과가 그만큼 크게 나타나지 않습니다. 하지만 이제 여러분들은 자신을 야만타까로 관상하고 수행하실 수 있습니다.

보통 일반적으로 관정(왕, དབང་), 힘을 받는다고 할 때는 네 가지가 있습니다.

① 관정을 내리셨고 받는 것입니다.

② 관정을 내리셨지만 받지 못하는 것입니다. 린뽀체께서 똘마 만든 것을 머리에 얹어주신 것은 관정을 받았다는 진정한 의미가 될 수 없습니다. 하지만 관정이라고 하는 가피는 내리셨습니다.

③ 관정을 내리지 않으셨지만 받는 것이 있습니다. 내리지 않았는데 받는 것의 예가 우리의 대표적인 성취자 띨로빠와 나로빠의 경우입니다. 띨로빠께서 나로빠께 내리신 것은 "나는 너에게 하나도 줄 것이 없다. 너 스스로가 너 자신을 깨치는 것뿐이다."라는 두 문장이었습니다. 이 두 문장으로 나로빠께서는 모든 깨침을 얻었습니다. 나로빠께서는 띨로빠를 12년 모시고 수행을 하고 나중에 온전한 깨침을 얻으셨습니다. 그 중간에 똘마나 보병이나 만다라가 있었던 것은 아닙니다. 모든 것이 없는 상태에서 두 문장만을 가지고 나로빠께서는 온전히 깨치셨습니다. 그런 경우 관정을 내리시지 않았지만 받았다고 하는 것입니다. 관정을 내리시고 받는 것은 린뽀체께서 오늘처럼 관정을 내리셨고 우리가 받은 것에 해당하는데, 관정을 내리셨지만 그것을 받는가 안 받는가 하는 것은 내 마음에 달려

있습니다. 정말 내가 린뽀체, 부처님을 통해서 온전히 야만타카의 몸을 성취하여 모든 가피를 받는다는 지극한 헌신과 신심으로 생각하고 받으면 보통 사람들이 알 수 없고 평상시에는 경험하지 못했던 특별한 경험을 하게 됩니다. 그리고 그것으로 인해서 수행을 성취할 수 있는 길을 가게 되는 것입니다. 하지만 관정을 받고 나서 '특별한 것이 아무 것도 없네' 이런 생각을 하게 되면 제대로 받았다고 할 수는 없겠지만, 그 가피력은 있는 것입니다. 오늘은 린뽀체께서 관정을 내리셨고 여러분은 받으신 것에 해당됩니다. 띨로빠, 나로빠의 경우는 안 내리셨지만 받은 것에 해당됩니다.

④ 관정을 내리지도 않았고 받지도 않은 것인데 그것은 쉽습니다. 관정을 내리지도 않았고 받지도 않은 것은 거리에 있는 분들과 같은 경우입니다.

린뽀체께서 관정을 내리셨고, 지금 여러분들께서는 관정의 힘을 받으셨습니다. 어제 돌마(따라)관정이 있었습니다. 어제는 여러분 스스로를 돌마로 관상할 수 있는 권한과 힘을 받으셨고, 또 오늘은 스스로를 야만타까로 확실하게 인식하고 관상할 수 있는 권한과 힘 그리고 가피를 받으셨습니다. 그리고 몸의 관정뿐만 아니라 말의 관정도 받으셨는데, 어제 '그린 따라' 관정을 받을 때 말씀의 관정을 받으면서 '옴 따레 뚜따레 뚜레 쏘하'라고 따라 하셨지요? 좀더 길게 하면 '옴 따레 뚜따

레 뚜레 마마 아유뿌녜 쟈나 뿌팀 꾸루 소와'라고 해서 '따라'
의 장수관정도 같이 받는 게 되는데 그것도 받으셨습니다.

마음의 관정은 무엇입니까? 일체 만법의 본연의 광명 그 자
체이면서 성성적적하고 명료한 묘지의 상태에 여러분의 마음
을 두게 되면 여러분은 마음의 관정을 받으신 것입니다. 관정
을 받은 후에는 그 관정이 제대로 지켜지는 것이 중요합니다.
여러분이 자신을 야만타까로 관상할 수 있는 권한과 힘을 받
으셨는데, 자신이 야만타까로 계속 지켜질 수 있는 것은 스스
로 맹세와 서약, 계율을 잘 지키는가 하는 것에 달려 있습니다.
계율은 굉장히 중요합니다. 계율을 가지지 않은 사람에게는
구전이나 관정을 주어서는 안 된다고 말합니다.

우리 자신을 야만타까로 계속 관상을 해야 합니다. 그래야
우리가 부처가 되고 부처의 행위를 할 수 있는 상태가 되는 것
입니다. 그러려면 우리 몸이 내 마음 속에서 지금의 몸이 아
니라 야만타까의 모습으로 그려지고 보여야 합니다. 야만타까
의 모습을 대강 그려보면 야만타까는 세 얼굴이 있습니다. 눈
으로 보지 말고 눈을 살짝 내리고 여러분 얼굴을 생각해 보십
시오. 팔은 여섯 개인데 오른쪽의 세 팔에는 금강 도끼가 있습
니다. 왼쪽 손에는 아주 생생한 적들의 심장이 있습니다. 그리
고 아주 날카롭고 예리하며 강한 두 칼로 된 날개를 가지고 있
습니다. 하반신은 삼각의 풀바이시고 허리는 악어나 상어와 비

숫한 짐승의 머리로 되어 있습니다. 그리고 야만타까의 앞에는 보이지 않지만 '둑띡마'라는 부인이 있습니다. 풀바의 삼각 모서리 끝점은 계율을 어긴 생명체의 가슴을 찌르고 있습니다. 이렇게 관상을 해야 합니다.

제가 말씀드린 것을 다 관상하기는 쉽지 않습니다. 그런데 그것이 우리의 개념과 관념을 벗어나게 하는 것입니다. 우리가 이렇게 관상함으로 인해서 부처의 능력을 쓸 수 있는 상태가 됩니다. 우리 스스로의 한계를 벗어나게 되는 것입니다. 얼굴 세 개를 관상하고 칼을 관상해야 하는데 칼이나 이런 것들은 관상하기 힘듭니다. 처음에는 사진을 보고 얼굴 세 개만 관상하여 마음에 그려지면 오른손에 도끼, 왼손에 심장 든 것을 관상해보는 등 그렇게 차곡차곡 하나씩 관상을 해 나가는 것입니다.

자신을 본존의 몸으로 계속 관상해 나가면 어떤 현상이 일어나기 시작합니다. 우리 몸, 피와 살로 되어 있는 그야말로 탁한 이 몸이 정화되기 시작합니다. 정화되면서 집착이 떠나지면 본존의 몸으로 바뀌는 것입니다. 이러한 관상을 할 때 너무 힘들게 억지로 오래 하지 말고 10분씩 짧게 여러 번 반복해 나가면 좋습니다.

전생 캄뚤 린뽀체이신 돈쥬니마께서 말씀하셨습니다. 억지로 앉아서 명상의 질이 떨어진 채 조는 건지 아닌지도 모르는 상태에서 선명하지 않게 명상하는 습관을 가지면 안 되고, 짧게 조금씩 하더라도 선명한 상태가 유지될 수 있도록 해야 합니다. 그리고 명상을 조금씩 하더라도 매일 계속 해야 합니다. 우리가 5분, 10분 이렇게 반복하면서 하루 종일 계속 하지는 못할 것이고, 5분을 하더라도 매일 끊이지 않게 해야 합니다. 말이 망아지일 때는 안아서 들 수 있습니다. 그 망아지를 매일 매일 들어 올리면 말이 되었을 때도 들어 올릴 수 있게 됩니다. 그와 마찬가지로 수행도 매일 매일 해야 합니다. 하루라도 쉬면 그 다음 날 말을 들어 올리기가 어려워집니다. 스승님들께서 매일 해야 한다는 것을 그렇게 예를 드셨습니다. 수행은 하는 것이 아니고 익히는 것입니다. 익힌 자리에서는 무엇이든지 다 할 수 있습니다. 기분이 나쁜 날은 안 하고 기분이 좋으면 하고 그렇게 해서는 절대 안 됩니다. 강물이 유유히 흘러가듯이 매일 하시게 되면 수행이 익어집니다.

명상이 잘 된다고 집착을 하게 되면 안 좋습니다. 그것은 명상의 장애가 됩니다. 우리가 수행을 하다보면 여러 가지 현상들이 일어납니다. 좋은 현상도 일어나고 어떤 때는 머리가 아프거나 몸에 병이 나는 것 같은 현상도 일어나는데 그것은 명상 때문에 일어나는 것이 아닙니다. 명상 수행을 빠뜨리지 말고 그냥 매일 매일 꾸준히 하는 것이 굉장히 중요합니다.

윤회계는 정말 고통입니다. 본질이 고통인 윤회계입니다. 어

야만타까 수행의 성취자 제8대 캄뚤 린뽀체 돈쥬니마

떤 분은 가르침을 많이 듣고 싶은데 시간이 없고, 어떤 분은 좋다고 생각하고, 또는 이만하면 되겠다는 생각, 더 필요하다는 생각 등 이렇게 생각이 많은 것 자체가 윤회계입니다.

스승님에 대한 신심과 헌신이라고 하는 것은 글이나 말로 표현하기가 참 어렵습니다. 예를 들어 벙어리가 초콜릿을 먹었는데 옆에 있는 사람이 "그 맛 어때?"라고 물으면 말로 표현을 못합니다. 부처님에 대한 헌신과 공성에 대한 이해, 이런 것은 각자가 느낄 뿐이지 말을 하기는 참 어렵습니다.

인도에서 아띠샤 존자께 제자들이 "저희에게 가피를 내려주세요." 했더니 아띠샤 존자께서 "아들 제자야, 내게 신심을 다오."라고 하셨다고 합니다. 결국 라마나 부처님이나 법에 신심과 헌신이 있어야 하는데 그것이 없다면 가짜 약을 먹고 병이 낫지 못하는 것과 똑같습니다. 아침에 린뽀체께서 말씀하신 것 들으셨지요? 가짜 약은 아무리 먹어도 병을 고치지 못한다고 말씀하신 것과 같습니다. 가슴 깊은 곳, 아주 골수 끝에서부터 스승님에 대한 신심과 헌신으로 가피를 청원해야지 입으로 가피를 달라고 해서 되는 것이 아닙니다.

우리가 스승님께 신심과 헌신이 일어나려면 스승님이 어떠한 공덕과 힘을 가지고 계신지를 알아야 합니다. 우리 마음을 잘 살펴보고 이 점을 인식하는 것이 중요합니다. 스승님의 공덕을 알기 위해서 스승님을 늘 따라다니다 보면 스승님이 친구처럼 인식되는 경우가 생기는데, 그렇게 되면 스승님을 친구나 나와 같이 다니는 무엇 정도로만 생각하게 됩니다. 아이와 같은 우리 마음은 쉽게 그렇게 됩니다. 그래서 나하고 잘 노는 좋은 관계라고 생각하게 되는 사고 방식이 생길 수 있습니다. 그렇게 되면 스승님의 공덕을 잃어버리게 됩니다. 스승님의 공덕을 잘 모르게 되고 우리가 가진 번뇌의 마음들이 그것을 허물로 보아 얘기를 하고 장난거리나 가십거리로 만들기 쉽습니다. 스승님과 너무 가까이 있는 것이 좋은 게 아닙니다. 스승님을 존경하고 모시되 가까이 가는 것을 지향해서는 안 됩니다. 스승님은 정말 부처님입니다. 그런데 우리들은 부처님이라고 생각하지 않고 나와 같이 놀 수 있는 친구로 생각하려고 합니다. 스승님은 절대적으로 부처님입니다. 부처님 그 자체입니다. 그런데 우리들의 마음은 자꾸 '사람이야'라고 인식합니다. '스승님이 부처님 그 자체다.'라고 인식하지 않으면 성취가 일어날 수 없습니다.

완전한 성취의 법맥을 이어왔다고 하는 것, 도제창(ཪྡོ་རྗེ་འཆང་ 지금강불持金剛佛)으로부터 시작해서 띨로빠, 나로빠, 마르빠, 밀라래빠, 감뽀빠를 거쳐 제1대 린뽀체부터 제9대 린뽀체까지 그분들이 이어온 이 전승은 단 한 번도 물든 적도 없으며 온전한 깨침을 그대로 전해주는 전승입니다. 그야말로 황금염주 한 알, 한 알이 다 황금이듯이 온전한 깨침의 흐름, 온전한 가피를 그대로 지키는 그 흐름이 단 한 번도 끊어지거나 손상되거나 약해진 적이 없는 것이 우리 가풍의 흐름입니다. 스승님은 그대로 부처님이시고, 스승님은 그대로 법이시며, 스승님은 그대로 승단입니다. 스승님은 이 세상의 모든 일을 알고 계시는 분이라고 입으로만 말하는 것이 아니라 진정으로 그렇게 생각하고 느낄 때, 그것을 바로 '헌신'이라고 말할 수 있습니다. 스승님께 헌신과 신심이 저절로 일어나는 마음이 생기지 않는다면 스승님과 불·법·승 삼보님께 계속 청원을 올려야 합니다. "저에게 진정 바른 신심과 헌신이 일어나게 하소서."라고 끊임없는 청원을 올려야 하며 악업을 정화해야 하고 복덕과 자량을 계속 쌓아나가야 합니다.

구루요가를 보면 이런 구절이 있습니다. (대수인 예비수행
법본 79쪽)

སངས་རྒྱས་ཀུན་འདུས་རྩ་བའི་བླ་མ་ལ།　　　སྒོ་གསུམ་གུས་པ་ཆེན་པོའི་གསོལ་བ་འདེབས།
쌍걔꾼뒤 짜외 라마라　　　고쑴귀빠 첸뾔 쏠와뎁
모든 부처의 총체이신 근본스승께 신·구·의를 다하여 간절히 청하오니

གདོད་མའི་གནས་ལུགས་རང་ངོ་ཤེས་པ་དང་།　　ཚེ་དང་སྒྲུབ་པ་མཉམ་པར་བྱེད་ཀྱིས་རྩོབས།
되미내룩 랑오 쎼빠당　　　체당둡빠 냠빨 진지롭
무시 이래로 갖추고 있는 자성을 깨달아서 명과 수행이 같이 할 수 있
도록 가피하소서.

'모든 부처님의 집합체이고 모든 부처님의 핵심 그 자체이신
당신께 제가 몸과 말과 마음을 다한 오롯한 헌신으로 간절히
청원하오니 본연의 자성을 그대로 바르게 깨칠 수 있도록 가피
해 주십시오. 그리고 이생의 삶과 죽음이 오롯이 수행 그 자체
일 수 있도록 가피하소서.' 하고 아침에 눈 뜨자마자 내지는 아
침 6시에 일어나서 이것부터 계속 하시게 되면 그로 인해서 헌
신이 일어나게 되고 깨침이 일어나게 될 것입니다.

티벳 불교에 닝마, 샤카, 겔룩, 그리고 까규 네 파가 있는데,
그 네 파를 다르게 보고(캔뽀님이 보시기엔 똑같다고 하십니다)
스승님들에 대해 '이 스승은 어떻고 저 스승은 어떻다' 하면서

다르게 분리해 보는 그것으로 인해 자신이 상상할 수 없는 악업을 쌓아가고 있는 것을 잘 알아야 합니다. 저는 네 파의 모든 스승님들을 가슴 깊이, 뼛속 깊이 찬탄하고 청원 올리고 예경을 올립니다.

제일 중요한 것은 청정한 안목으로 보는 것입니다. 스승님들이 정말로 다 똑같이 불보살님의 화현이고 나를 가르치시는 부처님의 화신이고, 옆에 있는 도반들은 본존이고 부처의 화현이라는 그런 청정한 지견을 계속 쌓아가고 익혀가는 것이 굉장히 중요합니다. 청정한 지견을 계속 반복해서 익히고 숙련시켜 나가다 보면 스승님이 진정 부처로 보이는 헌신이 일어나는 것입니다.

우리는 둑빠까규이고 저쪽은 아니라고 생각하며 서로 좋지 않게 분리해서 보고 험담을 습관적으로 하는 사람, 특히 금강승에 들어와서 계속 그렇게 반복하는 사람은 지옥에 가는 것을 따놓은 당상이라고 생각하면 틀림없습니다. 모든 불법은 오롯이 하나인 것이고 진정한 법은 다 똑같습니다. 나팔을 불고 북을 치는 등 여러 종류의 의식이 다를지 모르겠지만, 진정한 법은 다 똑같은 것입니다. 다 부처님이라고 생각을 하는 것이 공덕을 쌓아서 빨리 원하는 바를 이룰 수 있는 방법입니다.

제3대 캄뚤 린뽀체 꾼가땐진께서 말씀하시기를, "우리들의 법,

둑빠까규의 법은 그야말로 청정하고 아름다운 물들지 않은 꽃과 같다."라고 하셨습니다. 그대로 잘 지켜나가야 할 것입니다. 그러나 다른 종교에 대해서 말하지 마십시오. 다른 종교에 대해서 '감사하다. 참 좋다. 아름다운 신심이다' 등을 느껴야지, '다른 건 나쁘다, 어떻다' 이렇게 얘기를 하면 계속 자신의 손해입니다. 결국 자신을 나쁜 견해와 잘못된 곳으로 이끌어 가게 됩니다. 자기의 것을 똑바로 해 나갈 뿐, 타인의 행동에 대해 판단하는 쓸데없는 번뇌를 만들지 마십시오. 그것이 결국 자기를 더럽히고 자신을 나쁘게 합니다. 타인에 대해서는 아주 청정한 지견을 유지하고, 자기 자신의 수행의 길을 바르게 걸어가야 하는 것입니다. 또한 전부 다 배울 수 없으니 자신의 길을 잘 지켜나가고 다른 것에 대해서는 감사한 마음을 일으켜야 합니다.

그렇다고 해서 다 섞어서는 안 됩니다. 예를 들어서 코카콜라와 오렌지 쥬스, 우유를 다 섞어서 한 컵에 부어서 마시면 그 맛이 얼마나 끔찍하겠습니까? 그렇게 하면 안 됩니다. 섞지 말고 자신의 길을 잘 지켜나가야 합니다. 그리고 다른 것은 가끔씩 인연 따라 배워 나갈 수는 있어도 아무렇게나 섞어버리거나 다른 사람이 하는 일과 다른 파를 험담하지 마십시오. 천주교는 저도 참 좋아하고 성모 마리아는 화이트 따라, 백도모로 느껴집니다. 아르헨티나에서 전법을 할 때 선물로 성모 마

관정을 내리시는 제9대 캄뚤 린뽀체 셰둡니마

리아 상을 받은 적이 있습니다. 캄뚤 린뽀체도 그렇게 찬탄하시고 "참 좋다" 하셨습니다. 모든 법은 다 똑같습니다. 그렇게 보되 자기 것을 놓지 말고 수행해 나가십시오.

　티벳에서 인도로 넘어올 때, 제가 먼저 인도로 넘어왔고 전생 캄뚤 린뽀체께서는 1959년도에 넘어오셨습니다. 그 당시 저는 아버님, 어머님, 누나와 함께 인도 성지순례를 나와 있었습니다. 아버님은 정말 수행자 같은 분이셨습니다. 인도 바라나시, 레왈사르(ཚོ་པདྨ་ 쵸빼마, 구루 린뽀체 성지), 보드가야 등 성지 순례를 돌고 웨스트 뱅갈에 있는 칼림퐁이라는 곳에서 티벳으로 돌아갈 준비를 하고 있었는데, 그때 티벳이 나라를 잃으면서 캄뚤 린뽀체께서 인도로 나오시고 우리는 티벳으로 돌아가지 못했습니다. 당시 제가 11살이었는데 바로 스님이 되었고 지금은 70살입니다. 그때부터 저는 제8대 캄뚤 린뽀체와 계속 함께 있었습니다.

저는 린뽀체에 대해서 말을 하려고 생각만 해도 마음이 간절해지고 애절함이 일어납니다. 전생 캄뚤 린뽀체를 생각해보면 큰 스님이 오시든 보통 스님이 오시든 마을 사람이 오시든 누가 오시든지 당신을 뵈러 오면 무척 다정다감하고 자상하고 타인의 마음을 보고 배려하시고, 상대방을 존경하고 경어로 받들어주시는 그런 느낌, 뭐라고 표현할 수 없는 당신 특유의 자애와 연민으로 행동하셨습니다. 그러한 느낌과 성품이 지금 캄뚤 린뽀체께 그대로 있습니다. 전생 캄뚤 린뽀체께서 하시는 모습을 보면, 어떤 라마나 다른 파의 어떤 스님이 오신다 해도 그분들을 정말 귀히 여기셨습니다. 그래서 정말 다르십니다. 저의 근본 스승이라서 이렇게 말씀드리는 것이 아니라 제가 그냥 느끼고 본 바를 그대로 말씀드릴 수밖에 없으니까 이렇게 말씀드리는 것입니다. 저번에 말씀드렸지만 우리 캄뚤 린뽀체께서는 현겁 천 불의 첫째 부처님이신 구류손불의 완전한 화신이십니다.

또한 제3대 캄뚤 린뽀체 아왕 꾼가땐진께서는 구루 린뽀체, 그 자체이십니다. 어떤 라마가 구루 린뽀체가 계시는 상독빨리에 구루 린뽀체를 뵈러 갔습니다. 성취자가 아니면 우주 어느 곳에 있는 상독빨리, 적동산(구루 린뽀체의 정토)에 어떻게 가겠습니까? 그곳에 갔더니 구루 린뽀체께서 법좌에 안 계셨다고 합니다. 그때 그 성취자께서 "구루 린뽀체의 팔변신이 다 계신데, 구루 린뽀체는 어디 가셨습니까?"라고 물으니까 지금 캄 지방의 잠쵸떼와 근처에서 음력 10일 구루 린뽀체 기도를 하고 계신다고 하셨습니다. 그런데 캄의 잠쵸떼와라는 곳에 제3대 캄뚤 린뽀체께서 구루 린뽀체 기도를 하고 계셨습니다. 캄뚤 린뽀체는 구루 린뽀체의 화신이 아니고 구루 린뽀체 그 자체입니다.

깔림퐁에 구루 린뽀체이신 제8대 캄뚤 린뽀체 돈쥬니마께서 계셨습니다. 처음에 사원을 건립하고 계셨는데 그 당시에 같이 있었던 마을 사람들 중에 '하까'라고 하는 여인이 있었습니다. 지금은 돌아가셨지만 그분은 캄뚤 린뽀체의 제3의 눈을 친견하셨다고 합니다. 스승님께 부처님과 같은 32상 80종호의 모든 공력과 모양 자체가 없는 것이 아닙니다. 우리들의 악업으로 인해 눈이 가려있는 것이라서 우리들의 업이 얼마나 녹았는가에 따라 볼 수 있거나 볼 수 없는 것이지 스승님께 그것이 없는 것이 아닙니다.

우리가 구류손불로부터 지금에 이르기까지 스승님의 많은 생들의 역사를 알고 계속 수행해 나가다보면 확실한 신심과 인식이 들어서게 됩니다. 그렇게 되면 다른 사람이 "그분 별로 안 좋아, 나빠"라고 아무리 말을 해도 마음에 미동이 생기지 않습니다. 우리들의 신심은 별로 그렇게 확고하지 않아서 오늘 신심을 일으켰다 하더라도 내일 누군가가 "아니야 그 사람 뭐 어떻게 했다"고 하면 그런가 하고 마음이 바뀌고 욕을 하고 덩달아 동조하게 되는데 그것은 신심이 일어난 상태가 아닙니다.

어떤 수행을 하든지 어떤 상태이든지 간에 스승님에 대한 오롯한 신심 하나면 모든 것이 다 됩니다. "신심 하나가 모든 것의 왕과 같다."고 했습니다. '스승님은 법신이고 보신이고 화신이고 자성신이다. 부처님의 삼신 그 자체가 스승님이다.' 하는 신심이 생기게 되면 그때 스승님의 가피가 진정으로 들어옵니다. 그래서 어떤 사람이 스승님께 "가피를 주세요" 했더니 그 스승께서 "너의 신심과 헌신이 필요하다"고 대답하신 것입니다.

우리는 변함없는 자리를 밝혀야 합니다. 내 마음이 변함이 없는 자리를 알게 되는 것이 수행의 궁극적인 목적입니다. 우리 본연의 자리가 변함이 없는 자리이고 수행은 그것을 체득하기 위한 것이기 때문에 우리들은 법이나 스승에 대해서도 변함이 없는 자리를 추구해 나가야 할 것입니다. 언제든지 변할 수 있고 언제든지 버릴 수 있는 상태는 아닌 것입니다.

짧은 이야기를 해 드리겠습니다. 스님 다섯 분이 이짬이라는 지방으로 법을 들으러 가서 어떤 스승을 만났습니다. 그런데 스승께서 오늘은 밤이 늦었으니 내일 보자고 하시면서 친견을 해

주지 않으셔서 다음 날 아침에 친견을 하러 갔습니다. 이 어른은 특별한 분이니까 특별한 법을 얻을 수 있겠다고 생각하고 간 것입니다. 하지만 스님들이 이전에 의지했던 스승께도 그 법은 있었습니다. 그런데 이 스승이 명성이 조금 더 있어서 이분에게 특별한 것을 얻을 수 있을 것이라고 생각하고 간 것입니다. 그러자 그분께서 "너희가 예전에 의지했던 스승님을 완전히 버리고 오거라. 그러면 내가 법을 줄 것이다."라고 말씀하셨습니다.

스님 다섯 분이 그 말을 듣고 나와서 의논을 했습니다. '어떻게 하지?' 하고 고민을 하다가, 그러면 마음으로는 스승을 버리지 않고 입으로만 '알겠습니다, 버리겠습니다.' 하고 법을 들으면 되겠다고 의견을 모았습니다. 그러자 한 스님이 "나는 입으로라도 그렇게 할 수 없다."고 하면서 짐을 챙겨서 떠났습니다. 아침에 네 사람이 법을 들으러 가니 그 스승이 "어제는 다섯 사람이었는데 한 스님은 어디로 갔느냐?"고 물으셨습니다. 그래서 "그 사람은 스승을 버릴 수 없다고 하며 돌아갔습니다."고 대답하니, 그 스승이 네 사람에게는 엄청나게 야단을 치면서 "너희들에게는 법을 줄 수 없다." 하고 돌려보내고 떠난 스님을 시자를 시켜 데리고 와서 법을 주셨습니다.

제가 언제나 이런 말씀을 드립니다. 티벳의 법이나 티벳의 스승님들은 아무 때나 바꿔버릴 수 있는 그런 분들이 아닙니다. 오늘은 이분께 가고 내일은 저분께 가고 그렇게 하지 말아야 합니다. 스승님은 부처님이고, 본존이고, 호법신이고, 칸도라는 말이 있습니다. 아름다운 흰색 약이 있는데 그 약은 먹기만 하면 몸이 아픈 곳도 낫고 어떤 상황에서도 그 약 하나면 된다고 합니다. 이처럼 우리가 부처님, 본존, 호법 신장, 다카, 다키니 등 그 누구의 어떠한 가피가 필요하더라도 그 모든 분들이 다 응축되어 있는 집합체가 바로 스승님입니다. 성취자들은 내 마음 안팎의 모든 현상들은 다 스승님의 화현일 뿐이라고 말씀하십니다. 그리고 천 부처님, 천 겁의 모든 부처님은 다 스승님을 의지해서 부처님이 되셨습니다. 스승님이 진정으로 중요합니다.

제8대 캄뚤 린뽀체께서는 부탄에서 돌아가셨습니다. 그 후에 인도로 모시고 나와 따시종에서 화장을 했습니다. 어느 날 도종 린뽀체께서 캄뚤 린뽀체께서 쓰시던 방으로 저를 불렀습니다. 그리고 "캄뚤 린뽀체 환생자를 찾으러 가는데 그대가 가야겠다."라고 말씀을 하셨습니다. 왜냐하면 저는 어릴 때부터 캄뚤 린뽀체와 계속 같이 있었기 때문입니다. 제가 어릴 때부터 인도에 있었기 때문에 인도어를 잘 압니다. 그래서 린뽀체를 항상 도와드리고 설명을 해드리곤 했었기 때문에 린뽀체와 저는 항상 같이 있었습니다.

린뽀체께서 '아루나찰라'라는 곳에 어떤 아이로 태어난다고 예언된 '따익'이라는 편지가 있었습니다. 그 당시에 스님들이 많으셨는데 제가 린뽀체를 제일 오랫동안 시봉을 했었고 특별히

딜고 켄체 린뽀체와 제8대 캄뚤 린뽀체

계율을 어긴 것이 없었습니다. 그래서 도종 린뽀체께서 저에게 아루나찰라로 린뽀체를 찾으러 가는 의무를 주셨습니다. 지금 린뽀체께서 39세이시니까 37년 전입니다. 제가 70살이니까 37을 빼면 32~33살 때로, 나이가 어릴 때였습니다. 저는 환생자를 찾아본 경험이 없어서 굉장히 많이 걱정되었습니다. 스승님에 대한 신심과 헌신이 있었지만 '혹시 내가 잘못된 아이를 찾아내면 어떻게 하나' 하고 걱정이 매우 컸습니다. 잘못된 아이를 선택하게 되면 불법을 무너뜨리게 되니 너무나 걱정이 많이 되었습니다. 그런데 도종 린뽀체께서는 제게 혼자 가라고 하셨습니다. 아루나찰라에 가본 적도 없고 그곳이 어떤 곳인지도 모르는데 그것은 너무나 무거운 짐이었습니다. 그래서 저는 아루나찰라라는 동네를 한 달 동안 돌아다녔습니다. 돌아다니면서 아버지 이름이 무엇인가, 어머니 이름이 무엇인가, 이 아이가 태어날 때 어떤 징조가 있었는가, 꿈은 어떠했는가 등을 물어보면서 한 달을 다녔습니다.

닝마파의 켄체이신 린뽀체, 딜고 켄체 린뽀체께서 꿈에(제 생각에는 캄뚤 린뽀체께서 그대로 나오셔서 말씀하신 것이라는 생각이 듭니다.) 어느 곳을 가셨는데 큰 집에 제8대 캄뚤 린뽀체께서 앉아계셨습니다. 딜고 켄체 린뽀체께서 캄뚤 린뽀체께 "왜 그렇게 젊어서 돌아가셨는지(49에 돌아가셨으니까) 생명에 장애가 있으셨던지요?" 하고 물으시니 캄뚤 린뽀체께서 "나는 구루 린뽀체 분노존 그대로인데 누가 나를 장애할 수 있는가!"라고 하시면서 갑자기 구루 린뽀체의 분노존, 구루닥뽀의 몸을 나투셨다고 합니다. 구루 린뽀체 모습을 나투신 그분께서 말씀하시기를 "아버님 이름은 '데와센첸'이고 어머니 이름은 '까말라'이며 원숭이 해에 내가 환화신을 나툴 것이다."라고 하셨다고 합니다. 이분들은 태어나시지만 그것은 중생을 이롭게 하시기 위한 환화신인 것입니다. 그렇게 말씀하신 것을 딜고 켄체 린뽀체께서 다 적어 놓으셨습니다. 그것이 꿈이고 구루 린뽀체 모습이었지만 캄뚤 린뽀체께서 그대로 말씀하신 것이라고 저는 믿어 의심치 않습니다. 그 꿈을 딜고 켄체 린뽀체께서 꾸셨다고 직접 말씀해 주셨습니다.

딜고 켄체 린뽀체와 제9대 캄뚤 린뽀체

그래서 저는 아루나찰라에 가서 한 달 동안 집집마다 돌아다니면서 아버님 이름과 어머님 이름 그리고 징조들을 다 적어서그 리스트를 따시종에 계신 도종 린뽀체께 보냈습니다. 하나는제가 지니고 하나는 보냈습니다. 그때는 이메일이나 전화 이런게 하나도 없었습니다. 그렇게 린뽀체를 모셔와서 당신이 계시던 장소에 모셨습니다. 그 일을 해 나가는 과정 중에 여러 일들이 있었지만 그 이야기를 하면 제가 울 것 같아서 안 되겠고 시간도 다 되었으니 다음에 또 뵙겠습니다. 린뽀체를 찾을 때 틀림이 없는 바른 환생자를 제가 모시고 왔고 진정 좋은 복을 지었다고 생각합니다. 여러분들께서 좀 더 듣고 싶은 것이 있는 것같은데 오늘은 여기서 그만하겠습니다. 감사합니다.

4. 중음

2018년 4월 24일 대원사 법당

육도윤회도

VICTORY BANNER
Victorious battle

　이곳 대원사라는 도량에 오니 티벳과 비슷한 스타일의 많은 탑들과 여러 가지가 친근감이 들어서 좋습니다. 특히 주지 스님께서 박물관이나 다른 곳에서 보면 굉장히 귀한 물건들, 법구, 불상들을 잘 모셔 주셔서 기쁘고 감사합니다. 한국, 일본, 태국, 미얀마, 티벳 등은 각각 부처님의 상호가 조금씩 다르지 않습니까? 불상의 외적인 모습은 다르지만 법은 다 똑같습니다.

　이 세상에는 많은 종류의 종교와 관습이 있습니다. 각 종교에 따라 다양한 법을 가지고 있으며 여러 종파가 있습니다. 우리는 그 중에서 석가모니 부처님을 따르는 사람들입니다. 일반적으로 종교를 크게 유물론과 유심론 두 가지로 나눌 수 있습니다. 우리들은 그 중에서 유심론이며, 마음을 더 귀하게 여깁니다. 마음을 핵심으로 생각하며 외적인 물질을 핵심으로 생각하지 않습니다. 만약 물질이 더 핵심이 된다면 미국이 제일 핵심적인 나라가 되겠지만, 불교는 물질이 아니라 마음을 더 핵심으로 여깁니다.

부처님께서 정반왕의 아들로 태어나셔서 최고로 좋은 모든 것을 누리고 계셨지만, 당신께서는 그것이 중요한 게 아니라는 것을 아시고 니련선하(Sk.Nairanjananati) 강가에서 삭발을 하시고 출가의 길을 가신 것입니다. 만약 물질이 정말 중요한 것이라면 그렇게 하지 않으셨을 것입니다.

티벳어로 중음을 '바르도(བར་དོ་)'라고 하는데, '바르'는 '사이', '도'는 '둘'이라는 뜻입니다. 우리가 지금 이렇게 보고 느끼는 현상이 모두 다 사라지고 난 후 또 다른 현상이 일어나기 전을 중음이라고 표현합니다. 보통 중음은 죽음 이후 몸을 받기 전까지를 말하지만, 밀라래빠 같으신 분들은 이 윤회계가 다 중음이라고 하셨습니다. 중음이라고 표현하는 것이 죽음 이후 다시 몸을 받기 전 사이만을 말하는 것이 아닙니다. 중음이란 말의 범위가 매우 넓습니다.

중음의 몸을 얻는 경우와 얻지 않는 경우 두 가지가 있는데, 선근복덕을 많이 쌓은 사람들은 눈을 감는 순간에 아미타 정토나 아촉불 정토나 문수 정토로 바로 갑니다. 중음이 없습니다. 그리고 굉장히 악업을 많이 지은 사람도 죽자마자 바로 지옥으로 가며 중음으로 가지 않습니다.

우리들처럼 나쁜 일도 많이 안 하고 그렇다고 해서 좋은 일을 많이 한 것도 아닌 보통의 범부들은 대부분 바르도(중음)를 겪게 됩니다. 보통 티벳 불교는 샤까, 까규, 닝마, 겔룩의 네 파로 크게 나뉘는데, 각 파마다 바르도(중음)를 각각 다르게 세 가지나 네 가지 중음 또는 여섯 가지 중음으로 말하기도 합니다.

세 가지로 말하는 중음은 다음과 같습니다.

① 태어나서 살아있을 때의 중음

② 꿈에서의 중음

③ 다음 생을 받는 중음

꾼가빨졸이라고 하는 우리들의 전승조사께서는 네 가지 중음에 대해서 다음과 같이 말씀하셨습니다.

① 태어나서 받은 현생인 자연 생 중음

② 죽을 때 고통을 겪는 중음

③ 법성 정광명의 중음

④ 다음 생을 받기 전 의식 업의 중음

밀라래빠께서는 장수 천녀 최링마가 바르도에 대해서 여쭈었을 때 여섯 가지의 중음을 말씀하셨습니다. 위에서 말한 네 가지와 더불어 두 가지를 더 말씀하셨는데 그 중 하나는 낮의 꿈 중음입니다. 낮에 살아있는 것을 현실 속에서 사는 것으로 생각하지만 그것도 꿈이라는 것입니다. 나머지 하나는 선정 삼매에서의 중음입니다.

중음을 세 가지로 말하든, 네 가지로 말하든, 여섯 가지로 말하든 모두 어긋나지 않으며 서로 연결되어 있습니다. 단지 스승들께서 필요에 따라서 설명을 하다 보니 여러 가지로 나누어 말하는 것입니다.

낮의 꿈 중음과 선정 삼매 중음은 태어나 있는 상태의 중음에 속합니다. 자연스러운 생, 자연 생 중음이라고 표현하는 것은 지금 이 상태를 말합니다. 지금 우리가 있는 이 상태도 중음입니다. 우리가 태어나서 죽을 때까지, 즉 의사들의 관점에서 볼 때는 임종이지만 내호흡이 끊어지지 않았을 때까지는 자연 생 중음이라고 합니다.

우리들이 두려워하는 중음, 가장 컨트롤이 안 되는 중음은 바로 네 번째인 업 중음으로, 죽고 나서 의식이 업을 따라다니는 중음을 말합니다. 그렇게 의식이 업을 따라다니는 것은 죽음 이후 다시 태어나기 전까지를 말하는 것인데, 그때 우리는 어떻게 해야 하는지 알 수 없습니다. 이 중음을 잘 소화해야 합니다. 지금 우리는 법을 듣는 인간의 몸을 얻었고, 스승님들께서 계셔서 계속 수행을 이끌어 주시니 수행할 기회가 있고 에너지와 의욕이 있는 이 상태가 굉장히 중요합니다.

지금 이렇게 살아 있을 때 죽기 전에 우리 자신을 컨트롤할 수 있는 힘을 키워야 합니다. 죽고 나서 의식을 하고 영가를 불러와서 음식을 주고 법을 설하고 제사를 지내고 하는 것은 도움은 되지만 완전한 해결책이 아닙니다. 한국에는 별로 없지만 인도에 가 보면 사방으로 주인 없이 돌아다니는 개가 엄청 많습니다. 어디로 갈지 모르고 돌아다니는 개처럼 중음에서는 의식이 사방으로 돌아다니고 조절할 수 없습니다. 그래서 지금 살아있을 때 어떻게 수행하는지가 매우 중요합니다.

구루 린뽀체께서 이렇게 말씀하셨습니다. "전쟁터에 나가서 타인이 나를 찌른 후에 갑옷을 입는 것은 아무 소용이 없으며, 죽어갈 때 악업을 짓지 말고 선업을 쌓아야겠다고 생각하는 것도 어긋난 것이다."

라마샹이라는 분은 이렇게 말씀하셨습니다. "악업이라는 것은 언제든지 조심하고, 막고, 짓지 않아야 하는 것이지 죽기 전에 악업을 짓지 않겠다고 하는 것은 좋긴 하지만 늦은 감이 있다."

적천보살께서는 이렇게 말씀하셨습니다. "우리는 지금 수행할 시간도 있고, 수행할 수 있는 선근과 조건을 갖추고 있는데

이 좋은 기회에도 수행을 하지 못한다면 이보다 좋은 기회를 언제 얻겠는가? 이 좋은 조건에서도 수행을 못했는데 나중에 더 안 좋은 조건이 될 수도 있는데 그때에 어떻게 수행을 하겠는가?"

하싸에 큰 사업가가 있었습니다. 그런데 그 사람이 죽을 때가 되자 스님께 "라마님, 제가 죽지 않게 해주세요. 그러면 당신이 하라는 일 무엇이든 다 하겠습니다."라고 부탁했고 그 라마께서 기도를 많이 해주셨습니다. 그 사람이 아직 죽을 업이 안 돼서였는지 아니면 발원력 때문인지 알 수 없지만 그 사람은 죽지 않았습니다. 그래서 스님이 사업가에게 "당신이 안 죽었으니 지금부터 예비수행(사가행)을 하십시오. 네 가지 예비수행을 십만 번씩 하십시오."라고 하셨습니다. 그 다음 해에 그 라마께서 하싸에 가셨을 때 꼴와 도는 곳에서 그 사업가를 만났습니다. 그래서 사가행을 하고 있냐고 물으니 그가 "내가 지금 죽을 시간도 없는데 수행할 시간이 어디 있습니까?"라고 답했습니다. 그 사람이 아파서 죽어갈 때 자신을 죽지 않게 해주면 수행을 하겠다고 했으나 그러지 않는 모습을 보고 그 라마는 할 말을 잃었습니다.

지금 우리가 있는 이 자리는 딱 경계선입니다. 우리는 잘하면 해탈과 일체종지를 얻고, 못하면 축생과 지옥으로 가게 되는 것을 결정짓는 경계선에 와 있습니다. 지금 경계선에 와 있는 우리를 인신보배라고 말합니다. 금, 은, 보석, 다이아몬드 이런 것을 보배라고 하는데 왜 우리를 보배라고 할까요? 금은 얻어봤자 이생에 조금 잘 먹고 편하게 사는 정도지만 이 몸을 얻어서 잘 쓰면 불과를 얻어 세세생생 자유롭게 잘 살 뿐 아니라 수많은 사람들을 이롭게 합니다. 하지만 잘못 쓰면 많은 사람들에게 해를 끼칠 수도 있습니다.

따라서 보석보다도 더 귀한 것이 바로 이 몸입니다. 보통 인신보배라고 할 때 남을 보고 인신보배라고 생각하지 말고 자기 자신을 보십시오. 밀라래빠께서는 이러한 인신보배가 굉장히 드물다고 하셨습니다. 우리가 인신보배를 얻을 수 있는 것은 불선업을 짓지 않고 열 가지 선업을 잘 지킨 원인에 의한 것인데, 지금 나와 내 주변의 사람들을 볼 때 스스로 선업을 얼마나 잘 지켜 나가는지를 살펴보면 그렇지 못합니다. 그렇기 때문에 인신보배가 굉장히 귀하다는 것을 알 수 있습니다.

지금 우리는 중음에 있습니다. 이 중음의 시간에 이것을 잘 쓰게 되면 나중에 죽을 때 고통도 겪지 않게 되고, 죽고 나서 다음 몸을 받을 때에 그 중음의 고통도 없게 됩니다. 우리가 살아있는 이 상태의 중음인 자연 생 중음, 죽을 때 고통을 겪는 중음, 법성 정광명의 중음, 죽고 나서 다시 몸을 받기 전 의식 업의 중음, 각각에 따라 예를 들어 놓은 것이 있습니다.

첫째, 자연 생 중음은 우리가 지금 살아 있는 상태입니다.

이 상태를 매가 둥지를 짓고 들어가는 것과 같다고 표현하셨습니다. 매는 굉장히 영리해서 어디에 둥지를 지어야 사람이나 다른 동물로부터 안전한지를 잘 살펴보고 좋은 장소를 정해서 둥지를 짓는다고 합니다. 그렇게 둥지를 짓고 나서는 안전하기 때문에 의심 없이 들어가서 알을 낳습니다. 이와 마찬가지로 우리는 이생에서 어떠한 것이 악업이고 어떠한 것이 선업인지 잘 살펴봐야 합니다. 그냥 기분대로 하면 안 되고 어떤 것이 선업인지 악업인지 잘 살펴보고, 스승을 찾을 때에도 이 스승이 진정 바른 스승인가에 대해 시간을 두고 이런 저런 경우들을 관찰해야 합니다. 그래서 정말 이 법이 바른 법이고 나에게 확실히 성불의 길을 보여주고 성불을 향해서 가게 해 주는 법이고, 또 적법한 스승이라는 판단이 들면 자리를 잡아서 수행을 하는 것입니다. 그리고 수행을 해서 해탈의 길이나 일체종지를 얻는 데 있어서도 의심의 여지 없이 그 수행에 곧바로 들어가야 합니다. 바른 스승님께 의지해서 바른 법을 듣고 그대로 수행을 정확하게 해 나가면, 죽을 때 두려움도 없고 의심도 안 생기고 아주 당당하고 자신감 있게 갈 수 있습니다. 다음 여행지를 갈 때 우리가 원하는 바와 목적을 정할 수 있습니다.

둘째, 죽을 때 고통을 겪는 중음에서는 아주 아름다운 여인이 거울을 보듯이 해야 합니다. 아름다운 여인이 거울을 보며 자신의 아름다운 얼굴을 좀 더 아름답고 완벽하게 하려 하고 무엇이 묻었는지 메이크업이 잘 되었는지 살피는 것과 같습니다. 법우나 라마들과 함께 있다가 내가 죽게 되었을 때 라마들께서 "당신은 명이 다해가니 완벽한 죽음, 완벽한 다음 여행지, 해탈의 경지를 얻기 위해서 지금 이것, 이것을 신경 써서 잘 해야 한다."고 말씀해주시고 도와 주실 것입니다. 법우가 없을 경우에는 스스로 자신을 보고 '내가 이런 부분은 부족했고 이것은 악업이니까 없애야 하고 이제 하지 말아야겠다. 그리고 다시는 그런 조그마한 업이라도 생기지 않게 하겠다.'라고 다짐을 하게 됩니다. 그리고 재산 같은 것이 있으면 그것을 세 등분을 해서 위로는 불보살님께 공양을 올리고, 그 중간은 승단에 공양을 올리고, 밑으로는 환자나 거지들에게 보시를 해서 내 마음에 집착이 가는 것은 다 없애 버려야 합니다. 그래야 다음 생으로 바로 갈 수 있습니다. 그래서 아름다운 여인을 더 아름답게 꾸미듯이 우리들이 수행을 잘해왔지만 좀 더 완벽하게 잘해야 하는 시점, 그 시점이 바로 죽을 때 고통의 중음입니다.

셋째, 법성法性 정광명 중음은 외호흡이 끊어지고 나서 내호흡이 끊어지는 마지막 단계를 말합니다. 서로 친하게 오랫동안 섞여서 잘 알고 있는 사람들 또는 어머니와 아들처럼 서로 굉장히 잘 알고 있는 사람은 수천만 명 속에서도 서로를 금방 알아차리게 됩니다.

마지막 금생의 몸을 떠나기 직전의 대광명의 상태를 잘 인식할 수 있어야 합니다. 법성 정광명 중음은 우리가 평상시에 수행을 해서 익혀 놓은 그 자성의 상태와 온 우주의 본래의 자성의 상태가 마치 엄마와 아들이 만나서 서로 인식하듯이 그렇게 만나보는 그 순간을 말합니다. 그 다음 외호흡이 끊어진 후 내호흡이 끊어지는 그 순간이 우리 의식이 다른 몸을 받아가게 되는 상태입니다. 우리 탐·진·치의 의식들이 사라지는 네 단계는 '비어있음, 더 맑게 비어있음, 매우 비어있음, 본연의 비어있음'의 네 가지 공이 일어납니다. 이 중 네 번째 단계를 정광명이라고 표현합니다. 첫 번째 비어있음이라고 하는 것은 정광명과 비슷하지만 정광명은 아닙니다. 네 번째 단계가 오롯한 정광명입니다. 우리 몸에는 중맥과 좌·우맥이 있고, 아버지의 정精이 범혈梵穴에 있고 어머니의 혈은 단전에 있습니다. 살아있을 때는 각자의 자리에 잘 있다가 죽을 때가 되면 각 경락을 잡고 있는 힘들이 사라지기 때문에 범혈에 있던 아버지의 정이 밑으로 떨어지고, 밑에 있던 어머니의 혈은 잡고 있는 힘이 사라지기 때문에 위로 올라갑니다. 그 두 개가 내려오고 올라가서 만나는 지점이 네 번째 정광명인데 정광명은 딱 한순간밖에 존재하지 않습니다. 평상시에 우리의 본모습, 정광명을 익히는 연습을 하지 않으면 그 순간을 모르고 넘어갑니다. 그 순간을 알지 못하면 본연의 대어머니 광명을, 노력해서 익힌 아들 광명이 만나지 못한다는 것입니다. 그때 수행이 많이 익어 있어야 합니다. 우리가 지금 해야 할 것은 우리 본연의 정광명, 우리의 본모습, 자성에 익어져 있어야 합니다. 어머니와 아들이 익어져 있듯이, 굉장히 친한 두 사람이 익어져 있듯이 그렇게 익어져 있어야 합니다. 그렇지 않으면 이런 현상이 일어날 때 무서움만 일어납니다.

아버지의 정과 어머니의 혈, 흰색과 붉은색이 서로 마주치는 순간에 자성을 인식하지 못하게 되면, 그 다음 순간 서로가 다시 또 지나갑니다. 지나가고 넘어가서 코로 빨간 물이 한 방울 나오고 밑으로 흰 물이 한 방울 나오면 완전히 죽은 것입니다. 내호흡이 끊어지면 우리의 의식은 우리 몸을 떠나지 않을 수 있는 방법이 없습니다. 우리가 살아 있을 때 우리의 근본인 공과 동시에 존재하는 소소영영함, 그것을 엄마가 아들을 생각하는 친숙함으로 익혀 놓아야 합니다. 그렇지 않고는 그 짧은 순간을 알아차릴 수 없습니다. 그렇게 하지 않고는 이생에서 겪고 있는 수많은 고통과 무지를 벗어날 방법이 없습니다. 익히고 또 익혀야만 합니다. 그것이 바로 한 순간에 우리의 본성을 확실히 알아서 다시는 윤회의 고통 속에 들어가지 않을 수 있는 유일한 길입니다. 기어 다니는 벌레도 그 네 번째 광명이 일어나게 되어 있습니다. 마음 가진 모든 생명체에게 다 일어나는데 벌레는 수행을 안 했으니 당연히 모르고 일반적인 사람들도 모릅니다. 오롯이 그것을 익혀 놓은 수행자만이 그 순간에 자성을 확실히 알아서 대자유와 힘을 얻습니다. 따라서 이생에 투자할 수 있는 유일한 가치는 우리의 근본 모습을 계속 인식하는 것입니다.

넷째, 그렇게 마지막 네 번째 순간을 인식하지 못하고 혈과 정이 다 나가버리고 나면 우리의 의식은 나가서 다른 몸을 받게 되는데, 그때 업력으로 인해서 여러 가지 현상들이 일어납니다. 무서운 소리, 소음, 다양한 빛, 어두운 빛, 귀신 같은 느낌의 존재, 너무나 아름다운 것 등 여러 가지를 봅니다. 그러한 외적인 현상들이 자신의 마음에서 일어나는 것임을 안다면 해탈할 수 있는데, 외적인 대상이라고 생각하고 두려워하게 되면 그때부터 다시 고통과 윤회로 넘어가게 됩니다. 다시 다른 중음으로 넘어갈 때 의식은 우리가 가진 많은 구멍들을 통해서 나가게 됩니다. 우리의 의식이 나갈 때는 아홉 개의 문이 있습니다. 정수리, 미간, 눈, 코, 입, 귀, 배꼽, 밑의 구멍 둘, 이렇게 아홉 구멍이 있는데

① 정수리로 의식이 나가면 무색계에 태어나게 되고,

② 미간으로 의식이 나가면 색계에 태어나게 되고,

③ 눈으로 의식이 나가면 인간계에 태어나게 되고,

④ 코로 의식이 나가면 귀류계에 태어나게 되고,

⑤ 입으로 의식이 나가면 아귀계에 태어나게 되고,

⑥ 귀로 의식이 나가면 인비인계에 태어나게 되고,

⑦ 배꼽으로 의식이 나가면 욕계에 태어나게 되고,

⑧ 요도로 의식이 나가면 축생계에 태어나게 되고,

⑨ 항문으로 의식이 나가면 지옥에 태어나게 됩니다.

그러면 우리는 어떻게 해야 합니까? 다른 구멍으로 나가면 안 됩니다. 늘 수행할 때 "칸도 호법 신장님이시여, 스승님이시여, 제가 죽어서 의식이 나갈 때 다른 문은 다 막고 정수리 문으로만 나가게 해 주세요."라고 기도하고 계속 청원을 올려야 합니다. 아기가 태어났을 때 머리를 만져보면 말랑말랑한 부분이 있는데 그곳이 정수리 문입니다. 그 정수리로 의식이 나가면 됩니다. 그런데 정수리로 의식이 나갈 때 수행을 어느 정도 한 사람은 무색계로, 아주 잘한 사람은 그 문으로 나가면서 해탈의 길로 가게 됩니다.

그렇게 의식이 나가게 되면 중음의 몸을 그때부터 얻게 되는 것입니다. 그렇다면 중음에서 얼마나 있게 될까요? 중음에서 있는 시간이 얼마라고 알고 있습니까? 우리는 보통 일주일에서 49일로 알고 있지만, 천편일률적으로 그런 것은 아닙니다. 수행을 잘 하고 선업을 많이 쌓고, 오온이 잘 정화되신 분들은 오늘 죽고 나면 내일 다른 몸을 받아갑니다. 그리고 아무리 오래 있어도 49일 이상은 있지 않는다고 기본적으로 얘기하는데 그것도 꼭 그렇지는 않습니다. 49일이라는 것이 확실하지 않은 것에 대해 부처님 경전에 있는 이야기를 하나 해 드리 겠습니다.

　인도에 굉장히 힘이 좋고 뛰어난 왕이 살았는데, 그에게는 아들이 하나 있었습니다. 그 아들은 너무나 멋있고 백성들과 잘 화합하였습니다. 그런데 어떤 원인에 의해서인지 그 아들이 죽고 말았습니다. 잘 생기고 백성들과 잘 어울리던 왕자가 돌아가시고 나니 부모님과 부인뿐만 아니라 온 백성들이 너무나 고통스럽게 울고 씻지도 못한 채 큰 고통 속에 있었습니다. 그 나라에 수행을 잘한 신선 같은 분이 계셨는데, '이 많은 백성들이 고통스러워하며 애타게 그리워하는 왕자는 어디에 갔을까?' 하고 천상에 가서 찾아보아도 없고 지옥에 가서 찾아보아도 없고 어디를 찾아보아도 없었습니다. 계속 더 찾아보니 중음에 그대로 있었습니다. 그렇게 3년을 중음에 머물러 있었습니다. 그래서 그 신선 같은 수행자가 중음에 가서 왕자님을 만나 왜 아직도 안 가시고 이러고 계시는지 여쭈었습니다. 그러자 왕자는 "어머니와 아버지 왕, 온 백성이 저렇게 울어대는 소리 때문에 내 눈에서 흐르는 피눈물이 이 강을 만들고, 내 머리카락이 어두운 세계를 만들고 있으니 제발 가셔서 더 이상 필요 없는 고통을 만들지 말고 필요한 일을 해달라."고 말하셨습니다. 그리고 "이렇게 당신들이 나의 죽음을 안타까워하고 아파하는 것은 나를 더 큰 고통으로 몰아넣고 있으니 그러지 말고 나를 위해 불보살님께 공양을 올리고, 스님들께 공양을 올리고, 경전을 읽고 그렇게 해달라.”고 말하셨습니다. 그래야 왕자가 갈 수 있다고 하니 마을 사람들이 그렇게 했습니다. 그리하여 왕자는 삼십 삼천에 태어나시게 되었습니다.

여러분들도 아시는 분이나 가족이 돌아가셨다고 우는 것은 정말 도움이 안 됩니다. 가슴 아프기는 하지만 울지 말고 그 대신 불보살님께 공양 올리고 경전을 독송하고 불쌍한 거지나 아픈 사람들을 도와드리면 정말로 돌아가신 분께 도움이 됩니다. 하지만 우는 것은 정말 도움이 안 됩니다.

제가 아는 라마 한 분이 사시던 마을에 어떤 여자분이 죽어서 귀신이 되어 스님께 찾아왔다고 합니다. 그런데 피골이 상접하고 남루한 옷에 신발도 없이 손톱 발톱을 길게 하고 와서는 “옷과 신발이 필요하다고 가족에게 전해주세요.”라고 했습니다. 그래서 그 가족에게 귀신의 말을 전하니 가족들이 석공을 불러 돌에 ‘옴마니받메훔’을 새기게 하고 그 대가로 옷과 신발을 주었습니다. 티벳의 관습에서는 죽은 사람에게 선근과 복을 지어주는 의미로 돌에 ‘옴마니받메훔’을 새깁니다.

중음에서 내가 어떤 인연들을 만날 수 있는지를 결정하는 것은 죽는 순간에 어떤 동기를 가지고 있는가, 내 마음이 어떤 상태에 있는가 하는 것입니다. 죽는 순간에 선업과 수행을 생각하고, 좋은 동기를 일으키는 것이 굉장히 중요합니다. 죽을 때 내 마음이 선업이나 수행으로 가 있어야 하며 탐·진·치의 생각에 잡혀 있으면 안 되는 이유를 알려주는 이야기를 하나 해 드리려고 합니다. 우리가 죽는 그 순간에 탐·진·치라는 에너지와 마음들이 가득 차 있으면 죽자마자 지옥으로 가기 쉽습니다.

옛날 인도에 비구 스님이 계셨는데, 인도 비구 스님들은 발우를 들고 걸식을 다닙니다. 그 스님이 가지고 계신 발우는 새의 눈처럼 아름답고, 발우의 모든 특성을 다 갖추고 있는 참으로 아름다운 발우였습니다. 그래서 그 스님은 죽고 나서도 당신의 발우가 너무나 예쁘고 자랑스러워서 발우에 집착하고 있었습니다. 사람들이 장례를 치르기 위해 스님의 몸을 태우려고 하는데 불이 붙지 않자 '이 스님이 자기 발우에 관심이 가 있으니 발우를 태우든지 없애든지 해야겠다.'고 생각하고 그 발우를 가지러 갔습니다. 보통 인도에서는 나무 위에 풀집을 짓고 살기도 하는데, 그 집에 갔더니 죽은 스님의 의식이 뱀이 되어서 발우 속에 들어앉아 있었습니다. 친구 스님이 와서 그 발우를 뒤집어도 뱀이 떨어지지 않고 젓가락으로 끄집어내도 나오지 않았습니다. 뱀은 '이 사람이 내 발우를 가져가겠구나' 하는 진심과 욕망 때문에 독과 불을 쏟아내었습니다. 그 순간에 불로 인해서 그 스님이 살았던 초가집이 타들어 가고, 시신도 타들어 갔으며, 동시에 그 스님이 지옥에 떨어져서 몸이 불에 탔습니다.

이것을 티벳에서는 '세 가지 불 이야기'라고 합니다. 세 가지의 불이 동시에 일어났다는 것입니다. 죽을 때 욕망이나 진심, 이것이 얼마나 큰 고통을 만들어내는지를 알 수 있는 이야기입니다. 이러한 이야기는 부처님의 경전에 있는 것이지 우리가 만든 옛날 이야기가 아닙니다.

제가 아르헨티나나 외국에 나가서 법문을 많이 하는데, 법문할 때 처음 5분, 10분은 잘 들으시지만 시간이 갈수록 산만해집니다. 법을 들을 때는 졸다가도 영화 같은 것을 볼 때는 눈이 반짝 반짝하고 빨려 들어가서 봅니다. 법문을 들을 때나 수행할 때나 기도할 때는 몸을 똑바로 세워야 합니다. 그래야 좌·우맥과 중맥이 바로 섭니다. 맥이 똑바로 서야 마음이 똑바로 서고 정신이 똑바로 듭니다. 우리가 콜라를 먹을 때 빨대가 굽어 있으면 콜라가 안 들어오고 펴져 있어야 콜라가 빨려 들어오는 것처럼 허리를 똑바로 세우고 있어야지 허리를 안 세우고 굽히기 시작하면 자꾸 졸게 됩니다.

중맥이 중심에 있고 좌·우맥이 그 옆으로 있습니다. 좌·우맥은 우리가 대상을 보고 '집'하고 그것을 '착'하는 의식, 즉 집착이라는 의식입니다. 몸을 구부리고 있으면 중맥으로 기가 들어가지 못하면서 집착의 의식이 강해지고, 똑바로 펴고 있으면 에너지가 잘 흘러서 중맥으로 지혜, 공성의 에너지가 흘러갈 수 있습니다. 그래서 제가 어린 스님들을 가르칠 때 일단 바로 앉으라고 얘기하지 본존에 대해 설명하거나 좌·우맥 관상을 어떻게 해야 한다거나 그렇게 말하지 않습니다. 일단 결가부좌해서 바로 앉으라고 합니다. 그렇게 하고 있다 보면 저절로 익어집니다.

보통 사람이 죽을 때 똑바로 앉은 상태로 죽기는 어렵습니다. 그러나 수행을 많이 하신 분들은 그렇게 앉아서 죽을 수 있습니다. 그렇게 수행을 완성하십니다. 돌아가시고 나서도 수행을 더 완성하십니다. 다른 분들은 죽을 때 앉지 못하는데 이는 끊임없이 수행을 하지 않기 때문입니다. 따라서 우리는 수행을 끊임없이 해야 합니다.

인도에 '똑댄'이라는 무문관 수행자들이 계십니다. 따시종에 가 보면 이런 분들이 많이 계십니다. 나이가 많으신 똑댄들은 많이 돌아가셨는데 그 중에 '암잠'이라는 분이 계셨습니다. 그분은 무문관 수행자들 중에서도 설산의 사자 같은 분이셨습니다. 그분이 돌아가실 때 똑바로 앉아서 돌아가셨는데 제 눈으로 직접 보았습니다. 그분이 돌아가시고 다양한 빛깔과 모양의 사리가 나오자 다들 그분이 보살지의 8지 이상을 성취하신 분이라고 인식하게 되었습니다. 그러한 분들은 정말 평생 수행을 하셨습니다. 평생 마하무드라, 우리들의 근본 마음자리를 드러내 밝히시고 거듭거듭 익히고 또 익히셔서 어떤 상황에서도 그 상태에 가 있을 수 있도록 수행을 하셨는데, 우리는 한두 시간 와서 말씀 조금 듣다가 집에 가서는 하루 종일 세상일하고만 어울리고 있으니 우리가 죽을 때 어떻게 그것을 인식하겠습니까?

중음에 가면 지금 우리가 상상할 수 없는 두려움과 무서움, 여러 가지 알 수 없는 것들, 우리 자신 안에 있는 문무백존이 드러나는데 그것을 자신의 모습으로 인식하지 않고 외적인 귀신이나 악마, 자신을 해치는 것으로 인식하여 그 두려움 때문에 일어나는 문제나 환영들에 휩쓸리는 경우가 매우 많습니다. 중음에 대해 자세히 말씀드리려면 경전을 가지고 읽으면서 그 단계들을 설명해 드려야 하지만, 오늘은 밤도 늦었고 시간도 없어서 그만해야겠습니다. 여러분들께서 좀 더 자세히 알고 싶으시면 서울 깜따시링이라고 하는 곳에 캔뽀 최잉훈둡, 캔뽀 아왕상뽀가 계십니다. 그분들은 어릴 때부터 공부를 해서 많이 알고 계십니다. 저는 나이가 들고 별로 아는 게 없습니다. 그러니 그런 분들께 오셔서 많이 배우고, 또 그런 분들을 여기 대원사에 모시고 오셔서 자주 듣도록 하시면 좋겠습니다. 오늘은 여기까지 하고 질문 있으면 말씀하십시오.

〈질문〉 태국에 어떤 스님의 시신에 2년 동안 머리카락이 있다고 하는데요, 그런 것들은 어떻게 이해해야 하나요?

〈답변〉 그런 경우는 많이 있습니다. 그분의 수행력, 선정력과 같은 힘에 의해서 머리카락이 계속 있는 것입니다. 머리카락이 자라기도 합니다. 꼭 사람의 몸이 아니더라도 밀라래빠의 불상에도 머리카락이 자라나는 경우가 있습니다. 불상이 말을 하는 경우도 있고, 새들이 가지고 있는 정도의 온기를 가지고 있는 경우도 있습니다. 그것은 법과 신심, 선정력, 가피력의 힘입니다. 법과 수행력의 힘은 무한합니다. 아주 희유난득한 것입니다.

5. 청원, 관정 그리고 서약

2018년 4월 30일 캄따시링 법당

불·법·승 삼보이신 스승님

WHEEL OF DHARMA (CHAMARU)
Knowledge

　일반적으로 말씀드리면 우리는 캄뚤 린뽀체로부터 관정과 구전을 받고 많은 법문을 들었습니다. 제자가 스승님의 가피력과 힘을 얻기 위해 청을 많이 올리는 것은 세간의 관습이며 당연히 하는 일입니다. 이러한 수행의 방법과 길에 대해 듣고 관정을 받되, 관정을 받는 진정한 의미를 익혀야 합니다. 그렇게 해야 우리가 거듭 받는 관정들이 진정한 힘으로 연결될 수 있습니다. 우리가 이와 같이 다양한 이름의 관정들을 열심히 받고 법문을 듣는 것은 당연히 필요하고, 또 먼저 청해야 하는 것입니다.

　청하고 듣고, 무엇을 해야 하는지, 해야 할 것들의 핵심이 무엇인지 알아야 합니다. 또한 그것을 안다고 하는 것이 우리의 이해와 사고방식에 들어와야 합니다. 개념을 넘어선 진정한 앎이 가슴 속에 들어오고 씨앗이 심어져야 하기 때문에 관정을 받는 것이 중요하고 그 심어진 씨앗을 키우고 수행해 가는 것 역시 대단히 중요합니다. 마치 배가 고프면 음식을 먹어야 하는데 음식을 만드는 방법을 계속 알고 익히는 것만으로는 도움이 되지 않는 것과 같습니다. 음식을 만들어서 직접 먹어야 힘이 되는 것처럼 문聞·사思·수修, 즉 듣고 사유하고 익혀야 진정으로 우리의 정신과 영혼의 배가 채워지는 것입니다.

오늘 여러분들께서는 지장 관정을 받게 되는데 먼저 지장보살에 대해서 말씀드리자면, 지장보살은 부처님과 거의 비슷한 8대 보살님 중의 한 분입니다. 8대 보살님은 문수, 보현, 관음, 대세지, 지장, 미륵, 허공장, 그리고 제개장보살입니다. 8대 보살님들은 부처의 지위에 계신 분들이지만 중생을 위해서 보살로 모습을 나투고 계십니다. 이러한 8대 보살님들은 하나도 부족한 것이 없고 그 힘과 능력, 성취력이 서로 같습니다. 린뽀체께서 지금 말씀하신 것처럼 그 중에 지장보살은 특별한 힘과 가피가 있습니다. 그렇게 된 이유 중의 하나는 중국이나 한국에 지장보살 신앙이 굉장히 깊고 오랫동안 인연을 이어오고 있기 때문입니다. 그래서 특별한 인연이 있는 분을 통해서 수행을 하게 되면 더욱 더 가피력이 크게 드러나는 것이 사실입니다.

현세를 오탁악세라고 표현합니다. 부처님이 오신 지 한참이 지났기 때문에 이름은 있으나 가르침의 정수는 약해져 가는 오탁악세입니다. 오탁악세에는 명도 줄어들고 병도 많고 사람들이 수행할 시간이 없습니다. 그럼에도 불구하고 우리는 많은 본존들을 수행하고 있습니다. 본존을 수행하는 데 있어서 제일 중요한 것은 생기차제 과정에서 자기 자신이 온전히 본존이 되는 것입니다. 그런데 그렇게 할 시간은 많지 않습니다.

저 같은 경우는 돌마와 문수 두 분만을 계속 모시고 있습니다. 여러분 마음에 아직 어떤 특별한 본존이 계시지는 않을 것입니다. 여러분은 여러 관정을 통해서 본존의 가피력을 받고 이해가 생기는 과정들에 있기는 하지만 본존 수행이나 본존과의 인연들, 관정과의 인연들이 아직 깊지 않습니다. 여러 분야의 관정을 받고 본존을 모시고 수행을 해 나가다 보면 특별한 느낌이 오는 대상이 있습니다. 그럴 때 그분을 핵심으로 해서 계속 수행해 나가야 합니다. 여러 관정을 받아도 흐름이나 원리는 똑같기 때문에 그 중에서 한 분을 모시고 다른 분들의 관정을 받으면서 수행해 나가면 그것이 더욱 더 조력자의 역할을 하게 될 것입니다.

본존들 중에서 여러분께 특별한 느낌이 오는 본존을 정해서 집중하여 꾸준히 수행할 수 있는 그런 인연들이 빨리 오기를 바랍니다. 이 본존 수행도 조금 하고 저 본존 수행도 조금

하고 이렇게 하다 보면 그 힘이나 가피를 받아 성취를 얻는 데 시간이 많이 걸립니다. 한 본존 수행으로 집중하여 밀고 들어가야 이익이 큽니다. 그렇기 때문에 많은 관정을 받으면서 여러분 마음에 장애가 없어지고 가피가 빨리 오도록 발원을 하되, 한 본존과 인연이 깊어지시기를 바랍니다.

저는 이런 질문들을 많이 듣습니다. "저의 근본 스승님은 누구인가요? 또 저는 어떤 분을 본존으로 해야 하나요?" 그것을 결정짓지 못하고 이에 대한 질문을 하시는 분들이 많이 있습니다. 이에 대해 "당신은 어떤 분이 근본 스승이다, 어떤 본존이다."라고 누가 말하기 전에 우리들이 수행을 해 나가다 보면 느낌이 있습니다. 누가 말하지 않아도, 누가 아무리 그분은 아니라고 얘기해도 내 마음에 믿음과 헌신이 생기고 그분의 말씀을 따르게 되고, 그분의 말씀을 듣고 그분을 뵈면 마음이 편안하고 고요해지고 번뇌가 사라지는 이익이 생기는 그러한 스승과 본존이 생기게 됩니다. 그러면 본인과 인연이 있는 것입니다.

여기 깜따시링에 오시는 많은 분들을 뵈면 다 관정을 같이 받는 금강 형제이고 도반이어서 참 좋은 느낌입니다. 여러분들의 느낌이나 하시는 스타일을 볼 때 최소한 여기 오시는 분들은 어느 정도 둑빠까규의 스승님들과 인연이 있으신 것 같습니다. 지금은 여러분들 마음에 누가 어떻게 뭐라고 해도 '나는 저분이야'라는 분이 생기기 전까지는 둑빠까규의 깜뚤 린뽀체 같으신 분을 스승으로 모시고 있어도 여러분의 삶에 전혀 문제가 없으리라고 저는 확신합니다.

돌마 법본을 보면 "무시 이래로 제가 수행을 해 왔던, 얼굴 하나 두 팔을 가지신 당신" 이렇게 찬탄문이 나옵니다. 저는 돌마님을 모시고 무시 이래로 수행을 해왔던 것 같습니다. 태어나고 죽고 하면서 헤아릴 수 없는 그 수많은 생들에 내가 모시던 분들이 분명히 있을 것입니다. 이 우주에 있는 수많은 생명체들 중에서 여러분들이 여기에 오실 때는 특별한 인연이 있지 않고는 오게 되지 않을 것입니다. 어떤 생이라도 우리들이 맺고 지었던 인연과 발원이 있었을 것입니다. 그러니 여러분들께서 조금만 더 열심히 해 나가시다 보면 가슴에 오는 메시지가 있을 것입니다. 제가 이런 말씀을 드리는 것이 좀 건방지긴 합니다만 저는 70살까지 많은 스승님들과 많은 분들을 뵈며 살아왔습니다. 그래서 그러한 분들을 뵙고 제가 느낀 바를 그대로 말씀드리는 것입니다. 제가 여러분들께 한 분의 본존을 모셔야 된다고 말씀드리고, 그러면서도 또 여러분들 각자의 인연이 있을 것이라고 말씀드리는 것이 헷갈리고 힘들 수도 있겠지만 여러분들 마음이 법에 오롯해질수록 어떤 느낌이나 메시지가 반드시 올 것입니다. 저는 돌마님을 찬탄하고 돌마님밖에 없지만 여러분들도 그렇게 해야 한다는 것은 아닙니다.

사가행 법본 끝에 보면 "모든 부처의 총체이신 근본 스승께 신·구·의를 다하여 간절히 청하오니 무시 이래로 갖추고 있는 자성을 깨달아서 명과 수행이 같이 할 수 있도록 가피하소서." 라고 청을 올리지 않습니까? 아무리 작은 것 하나라도 스승님 없이는 이루어질 수 없는 것입니다. 여태까지 오셨던 모든 부처님들과 앞으로 오실 모든 부처님들은 다 스승님을 의지하셨고 그분들 역시 스승이 되십니다. 따라서 여러분들도 오롯한 집중으로 간절히 가슴 깊은 곳에서의 청원을 스승님께 꾸준히 올리시다 보면 남의 조언이 필요 없이 스스로 결정짓고 스스로 움직이지 않는 자리들이 나오실 것입니다.

우리는 지금 무엇을 받았습니까? '왕(དབང་ 관정)', 이것은 권한을 말합니다. 여러분들은 보병관정, 만트라의 관정, 똘마(마음의) 관정을 받았습니다. 이러한 것을 받아 힘과 권한을 받기는 했지만 받은 것이 지켜지게 하는 것은 계율입니다. 서약을 지키는 것에 따라 그것이 지켜지는 것입니다. 관정을 받지 않으면 진언을 천만 번, 억만 번 해도 그것이 진정한 힘으로 우리의 악업을 소멸하고 우리의 업장을 넘어서 온전한 불과와 본성을 드러내게 하는 데 어려움이 있습니다. 그러나 관정을 받으면 진언할 때 염주 한 번만 돌린다 해도 힘이 진정 다릅니다.

여러분은 관정을 받으셨기 때문에 그 권한과 힘으로 여러분의 몸을 본존으로 관상할 수 있고 진언을 모실 수 있습니다.

우리는 본연의 지혜와 선정에 안주할 수 있는 힘과 권한, 그리고 가피를 받았습니다. 그러나 그것을 지켜 나가야 계속 이어질 수 있으며, 내 안에 확고하게 현현하여 현존할 수 있도록 하려면 반드시 서약을 지켜야 합니다. 그 서약은 관정을 받은 제자와 스승 사이의 서약이고, 지금 관정을 받은 범부들, 금강 형제들 사이에도 서약이 있습니다. 만약에 금강 형제들이 서로를 금강 형제로, 지장보살로, 본존으로 이해하고 사랑하고 믿고 돌보지 않고 의심하고 번뇌한다면, 서약이 지켜지지 못함으로 인해서 우리가 받은 힘을 쇠약하게 하고 결국 소진해버리고 말 것입니다.

보통 서약을 지키지 않는 사람들에게는 관정을 내리지 않게 되어 있습니다. 왜냐하면 그 힘을 다 사라지게 하고 없애버리고 결국 분별로 나아가게 될 것이기 때문입니다. 서약을 지키지 않는 것은 상한 씨앗을 심는 것과 같습니다. 상한 씨앗을 심으면 싹이 트지 않을 것입니다. 서약을 잘 지켜 나가서 서로가 하나가 되면 모두 행복합니다. 우리 내부에서 서로 화합하고 행복하고 즐거운 상태에서 수행을 해 나간다면 진정한 결과를 얻을 수 있습니다. 여기가 화합이 안 된다는 게 아니라 이는 일반적인 세상의 일이기 때문에 말씀드린 것입니다.

우리는 범부이기 때문에 많은 말들을 할 수 있습니다. "이 사람 왜 이래, 저 사람 왜 저래" 등 많은 말을 할 수 있는데, 그것은 범부의 습관입니다. 이로 인해서 지금까지 우리가 가야 할 길을 가지 못했고, 얻어야 할 것을 얻지 못했으며, 투자한 만큼 효과를 보지 못했습니다. 그랬기 때문에 오늘부터라도 그렇게 하지 말아야 한다는 것을 인식해야 합니다. 승단, 스님들 사이에서도 "이 사람은 어떻다, 저 사람은 어떻다" 등 말들을 많이 합니다. 그러나 그것으로 인해 번뇌가 일어나는 자리는 관정이나 스승님을 만남으로써 일어나는 가피력을 사라지게 만드는 자리이고 가피가 들어오지 못하게 만드는 자리입니다. 그렇기 때문에 여러분들께서 이를 인식하셔야 합니다. 물론 불교도는 다 형제이지만 특히 같은 관정을 받고 같은 스승 밑에서 구전과 가르침을 받은 금강 형제들은 화합과 믿음과 사랑 그 바탕 위에서 수행을 할 때 법의 열매, 즉 일체지一切智라고 하는 열매를 얻을 수 있습니다.

여러분들께 지금 관정을 내리신 캄뚤 린뽀체라고 하는 분은 진정한 부처님으로서 그분으로부터 받은 가피는 의심할 여지 없이 온전히 여러분들 가슴에 심어집니다. 그 안에서 여러분들이 형제라는 것을 잘 인식하셔야 합니다. 가족보다도 더 깊고 무겁고 끈끈한 인연이 있는 것입니다. 가족끼리 서로 싸우고 한 생에 안 본다고 해서 지옥에 간다고 말하지는 않습니다. 그러나 금강 형제는 같은 계율을 받고 같은 서약의 물을 마셨습니다. 서약의 물은 '잘 지키면 반드시 성취를 얻지만 지키지 못하면 지옥에 간다'는 전제 하에 주어진 물입니다. 그만큼의 힘과 전승을 가지고 있는 물이라서 이 물을 마신 우리들이 서로 싸우고 혐오하고 서로의 나쁜 점을 보고 얘기를 한다면 반드시 지옥에 가게 되어 있습니다. 이를 반드시 잘 지켜서 그러한 행동을 하지 않고 우리가 얻은 이 관정의 힘과 능력이 그대로 발현되시길 바랍니다. 이러한 관정의 진정한 의미, 이익, 핵심, 그리고 그것을 성취해 나가는 방법에 대해서 이야기를 많이 해야 하는데 지금 시간이 별로 없습니다.

여러분들께서는 서약을 잘 지키시고 여러분 자신이 지장보살임을 인식하십시오. 밀승密乘은 과승果乘이라고 합니다. 불성을 가지고 있는 중생으로 사는 것이 아니라 부처인 지장보살 그대로, 본존 그대로 사는 것이 과승입니다. 따라서 여러분 자신을 지장보살로 관상하시고, 부처로서의 신·구·의를 쓰시고, 서약을 잘 지키실 것이라고 저는 믿습니다.

제가 이번에 와보니 굉장히 기분이 좋습니다. 스승님 캄뚤 린뽀체를 모시고 시자로 와 있는 것이 너무나 행복합니다. 여러분들은 아까 티벳어로 "주, 당신 캄뚤 린뽀체 말씀하시는 바대로 그 무슨 말씀을 하시든 그 모두를 제가 실천하겠습니다."라고 서약을 하셨습니다. 그래서 그것을 어기지 않고 잘 해 나가실 것이라고 믿습니다. 제가 이번에 린뽀체를 모시고 시자로 한 달 왔는데 정말 행복합니다. 따시종에 있어도 린뽀체를 이렇게 뵐 기회가 없습니다. 스님들은 각자 자기 소임이 있고 자신의 의무와 역할을 다하고 일을 해야 하기 때문에 린뽀체 옆에서 이렇게 지낼 시간이 없는데, 린뽀체를 모시고 한 달이 지났는데도 린뽀체 옆에 계속 같이 있으니 정말 행복합니다. 한 달이 어떻게 지나갔는지 모르겠습니다. 여러분들께서 린뽀체를 이렇게 가까이서 뵐 수 있는 것을 보니 우리 라마들보다도 더 큰 공덕이 있는 것 같습니다. 제가 다음에 또 스승님을 모시고 올 수 있을지 잘 모르겠습니다. 하지만 다음에 또 뵐 수 있으면 좋겠습니다. 감사합니다.